AF343891

EXPLICATION
DES PRINCIPES ÉLÉMENTAIRES
DE MUSIQUE
Par J. BISCH, Professeur
NOUVELLE ÉDITION

Augmentée de Solféges faciles, et de 24 airs de Chant par gradation

DÉDIE

à M:elle Antoinette Beffort

— Prix. 10.fr —

Se vend A PARIS

Chez {
l'Auteur, Rue de la Monnaie, N.º 22.
Louis, M.d de Musique, Rue du Roule, N.º 16.
et tous les principaux M.ds de Musique et Libraires de l'Emp.re

Les personnes qui ont déja les 1.res Editions de cet ouvrage et qui desireraient se procurer le supplément, il se vend 3.fr aux adresses ci dessus.

Tout Exemplaire qui ne sera pas revêtu de la signature ci-après de l'Auteur, doit être regardé comme contre-façon.

Enreg.é à la Biblioth.e Imp.le **J. Bisch** Propriété de l'Auteur.

A

MADEMOISELLE,

MADEMOISELLE *ANTOINETTE BEFFORT*.

MADEMOISELLE,

Votre extrême facilité à comprendre, dans l'âge le plus tendre, ces Elémens de Musique, m'a fait naître le désir de vous en offrir l'hommage. Puissent-ils vous rappeller quelquefois nos leçons, et sur-tout le respectueux dévouement avec lequel j'ai l'honneur d'être,

MADEMOISELLE,

Votre très-humble et très-obéissant
Serviteur,

J. BISCH.

TABLE DES MATIERES

Contenues dans cet Ouvrage.

Fin de la Table des Matières.

Ce n'est point le titre d'auteur que j'ambitionne , en publiant cet opuscule ; mais je cède aux pressantes solicitations de mes élèves, et au désir d'être utile. Je n'ai pas eu non plus l'idée de donner un solfége , le public possède en ce genre tout ce qu'il est possible de desirer d'utile et d'agréable.

Je n'ai songé qu'à travailler pour l'enfance , en lui parlant presque toujours ; j'ai dû employer les expressions les plus claires , et simplifier le plus qu'il m'a été possible mes explications. Si j'ai réussi , je croirai avoir fait quelque chose pour l'éducation musicale , qui , j'ose le dire , est assez négligée , n'en déplaise aux jeunes virtuoses de huit à dix ans. En effet , rien de plus ordinaire à cet âge , qu'une brillante exécution , sans les connoissances préliminaires ; souvent un enfant seroit fort embarrassé , si on lui demandoit en quel ton est composé la sonate qu'il vient d'exécuter comme un professeur ; peut-être ne sait-il pas même distinguer si elle est dans un mode majeur ou mineur : c'est une expérience que je n'ai répété que trop souvent ; je parle ici en général , je sais qu'il y a beaucoup d'exceptions , et que les bons maîtres soignent également la théorie et l'exécution. J'ose croire cependant que cet ouvrage ne sera pas inutile à ces intéressans élèves ; ils pourront y étudier eux-mêmes , et épargner d'éternelles et fatiguantes répétitions au maître , et profitant avec plus de fruit de ses conseils , doubler ainsi leurs progrès.

Les mères de famille , sans doute , me sauront aussi quelque gré de leur tracer une route facile pour commencer la musique à leurs enfans , sans le secours d'un professeur , dont ils profitent ordinairement très-peu la première année ; par la raison que tous les signes nouveaux pour eux demandent des explications continuelles, et souvent répétées , si j'ai le bonheur d'être lu par ces mères , qu'elles me permettent à ce sujet un conseil dicté par le touchant intérêt qu'elles m'inspirent, et par quarante ans d'expérience dans l'enseignement. La prompte lecture de la musique est , sans contredit , la chose la plus longue à acquérir ; si l'on exige en même tems l'exécution sur l'instrument ou même le chant, l'enfant qui a de l'oreille et de la mémoire , trompera le maître le plus vigilant , qui croira lui faire lire ce qu'il exécutera simplement de routine , de-là vient la peine extrême que l'on éprouve à lui faire déchiffrer un autre morceau.

Je propose donc , et j'ai constamment suivi cette marche avec succès , de ne faire commencer la musique vocale et instrumentale , qu'au moment où l'enfant pourra lire la musique en battant la mesure. Ce travail demande de la persévérance comme toute autre lecture ; mais l'enfant qui est parvenu à vaincre cette difficulté , et qui joint à cet avantage la connaissance parfaite des principes , est beaucoup plus avancé que l'on ne pourrât le penser ; je mets en fait qu'en un an de leçons d'un habile professeur , il se trouvera au niveau du talent d'un élève de trois ans, en les supposant tous deux d'intelligence ordinaire ; le dernier exécute tout, et fait , à la longue, par la force de l'habitude , ce que l'autre fait très-promptement par calcul et par réflexion.

Il me reste encore un dernier avis à donner à ceux qui voudront bien s'occuper de cet ouvrage ; c'est de bien se garder de passer d'un article à un autre , avant que le premier ne soit parfaitement conçu ; sans cette attention , la chose la plus claire paraîtra confuse , et la plus simple , compliquée. Comment l'élève passerait-il alors du connu à l'inconnu, et du simple au composé ?

A la faiblesse de ma diction , le lecteur s'appercevra sans doute aisement du besoin que j'ai de son indulgence ; mais j'aurai toujours à me féliciter, si je fournis l'occasion à une main plus exercée que la mienne , de donner à ces principes un développement plus clair.

ARTICLE PREMIER.

La Musique est une sorte de langue écrite qui a ses lettres ou signes, au moyen desquels on la lit, on la chante, ou on l'exécute sur les instrumens.

Ces Signes s'écrivent et se placent sur cinq lignes paralelles que l'on appelle *Portées*.

Exemple.

On doit compter ces lignes de bas en haut; celle d'en bas est la première.

Ces cinq *Lignes* ou *Portées*, sont les places où se posent les *Notes*, qui sont les lettres de la musique; lettres qui (ne variant pas de forme) changent de nom suivant la place qu'elles occupent sur les lignes.

Exemple.

On place aussi des notes dans les *Interlignes*. L'interligne est la distance d'une ligne à l'autre.

Exemple.

Il résulte de là que dans l'espace des cinq lignes on peut poser neuf notes.

Exemple.

Il arrive aussi très-souvent de placer des notes au dessus ou au dessous des cinq lignes; alors on emploie de petites lignes supplémentaires.

Il n'y a que sept notes dans la musique : *ut* , *re* , *mi* , *fa* , *sol* , *la* , *si*. Il y a des signes que l'on appelle *Clefs*, et qui servent à déterminer la place et le nom d'une note ; alors, partant de cette note , on peut facilement trouver le nom des autres.

Il y a trois clefs, celle de *fa*, celle d'*ut*, et celle de *sol*. Voici leur forme.

EX. 

Clef de *fa*. Clef d'*ut*. Clef de *sol*.

On commence ordinairement par l'étude de la clef de *sol*, comme étant la plus usitée. Quand on est assez familiarisé avec elle, on passe à celle de *fa*, qui est la plus nécessaire, et ensuite à celle d'*ut*.

ARTICLE II.

Places et noms des notes sur la clef de sol, *seconde ligne.*

Ce Signe que l'on nomme *Clef de Sol* sur la seconde ligne, est mis en tête des cinq lignes, ou portées; pour prévenir que toutes les notes qui seront placées sur cette ligne, se nommeront *Sol*; elle est distinguée par deux points.

EX.

La note placée dans l'interligne de la seconde à la troisieme ligne, se nomme *La*.

EX.

La note sur la troisieme ligne, qui est celle du Milieu, se nomme *Si*.

EX.

La note dans l'interligne de la troisième à la quatrième ligne. se nomme *Ut*.

EX.

Partant toujours du *Sol* sur la seconde ligne, la note placée dans l'interligne de la seconde à la première est un *Fa*.   EX.

La note placée sur la première ligne qui est toujours celle d'en bas est un *Mi*.   EX.

La note placée au dessous des cinq lignes se nomme *Re*.   EX.

Pour descendre encore plus bas, il faut employer une petite ligne supplémentaire, et la note qu'elle traverse se nomme *Ut*.   EX.

Alors, partant de cette dernière note, nous monterons les échelons par *ligne* et *interligne*, et nous formerons une *gamme*.

La *gamme* n'est donc autre chose que la réunion des sept notes; plus, l'*octave* qui fait une huitième, et qui n'est que la répétition de la première.

Exemple d'une Gamme.

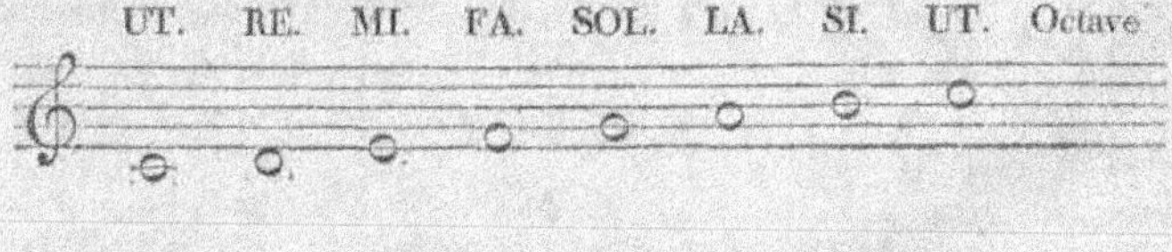

ARTICLE III

De la forme des Notes, et de leur valeur.

J'ai dit que les notes ne variaient point de forme ; mais elles portent toutes un caractère distinctif qui leur donne une valeur plus ou moins longue. Celle sur laquelle le son se prolonge le plus longtems se nomme *ronde* ; voici sa forme : 𝅝. Ainsi dans les exemples précédens , les notes de la gamme sont toutes des rondes , et toutes ont une égale valeur.

La *Blanche* dont voici la forme 𝅗𝅥, doit avoir moitié moins de valeur que le ronde ; par conséquent, une ronde vaux deux blanches.

La *Noire* 𝅘𝅥 aura en durée le quart de la valeur d'une ronde, ou la moitié d'une blanche. Ainsi, une ronde vaut deux blanches, ou quatre noires.

La *Croche* 𝅘𝅥𝅮 n'est que la huitième partie de la valeur d'une ronde ; il en faut quatre pour une blanche, et deux pour une noire.

La *double Croche* 𝅘𝅥𝅯 n'est que la seizième partie d'une ronde , la huitième d'une blanche, le quart d'une noire , et la moitié d'une croche, etc.

EXEMPLE.

Une RONDE . . . .

Vaut deux Blanches, ...

    Quatre Noires, ...

    Huit Croches, ...

    Seize Double Croches, . . .

    Trente deux triple Croches. . . .

UNE BLANCHE. . . . .

Vaut Deux Noires. . . . .

    Quatre Croches, ...

    Huit Double Croches. . . . . .

    Seize Triple Croches. . . . .

Une NOIRE, ...

Vaut Deux Croches. . . . .

    Quatre Double Croches. . . . . .

    Huit Triple Croches. . . . . .

Une CROCHE . . . .

Vaut Deux Double Croches. . . . .

    Quatre Triple Croches. . . . .

Une DOUBLE CROCHE, ...

Vaut Deux Triple Croches. . . . .

ARTICLE IV.

Du Point à côté d'une Note.

Le point que l'on voit immédiatement après une note, augmente de moitié sa valeur; ainsi une *Ronde* qui vaut deux *Blanches* en vaut une de plus, quand elle est pointée.   EX.

Une Blanche qui vaut deux noires, en vaut trois avec un Point.   EX.

Une noire qui vaut deux croches, en vaut trois avec un Point.   EX.

Une croche qui vaut deux doubles croches, en vaut trois avec un Point.   EX.

Une double croche qui vaut deux triple-croches, en vaut une de plus, quand elle est pointée.   EX.

ARTICLE V.

Des Pauses ou Silences.

Les anciens Musiciens appelaient *Silence* ce que les modernes nomment *Pause* ou *Soupir*. Chacune de ces dénominations offre une même idée, c'est-à-dire un repos plus ou moins long.

Quand se présente le signe ▬ appellé *Pause*, on doit garder le silence pendant le tems employé à faire une ronde.   EX.

Une *Demi-Pause* vaut en silence la durée d'une blanche. EX.

Il faut remarqer que la pause entière est toujours placée au dessous de la ligue, et que la demie pause l'est au dessus.

Un *Soupir* vaut en silence la durée d'une noire. EX.

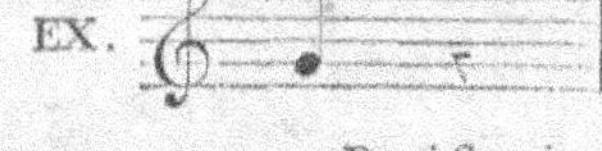

Un *Demi - Soupir* vaut en silence la valeur d'une croche.

Le Soupir est tourné de gauche à droite, et le demi-soupir l'est de droite à gauche.   EX.

Un *Quart de Soupir* a deux crans comme la double croche dont il représente la valeur en silence.   EX.

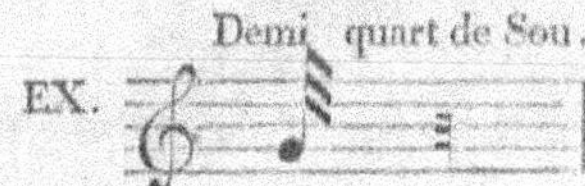

Un *Demi - Quart de Soupir* vaut en silence la durée d'une triple-croche, et porte trois crans comme elle. EX.

ARTICLE VI.

Ancienne Dénomination de la valeur des Notes.

Les anciens caracteres de la Musique étaient des notes carrées, comme cela existe encore aujourd'hui dans la musique d'église, que l'on nomme Plain-chant; il aurait été absurde de nommer *ronde* une note qui ne l'était point. On appelait donc la plus longue des notes une *entière*: celle qui représentait la blanche, *deux*: celle qui représentait la noire, *quatre*, et celle qui représentait la croche, *huit*, etc.

D'après cette manière de s'exprimer, toujours en usage par tout ailleurs qu'en France, en parlant de plusieurs blanches, on disait *trois ou quatre des deux*, de trois noires, trois des *quatre*, et de trois croches: trois des *huit*, de six croches *six des huit*, etc.

Ce qui était infiniment moins pénible à faire comprendre, surtout aux enfans, que de dire, trois fois la huitième partie d'une ronde, six fois la huitième partie d'une entière.

Je ne rappelle cette ancienne dénomination de la valeur des notes, que pour faire comprendre les chiffres dont on se sert pour l'indication des mesures, et qui n'ayant plus la même dénomination, paraissent insignifians, il faut donc remonter à leur origine.

Ainsi, dans les chiffres *indicateurs* dont nous allons parler à l'article des *mesures*, il faudra donc regarder le chiffre 2 seul comme représentant deux des deux, autrement deux blanches.

$\frac{2}{4}$	deux des quatre	deux noires.
$\frac{6}{8}$	six des huit	six croches.
$\frac{3}{2}$	trois des deux	trois blanches.
$\frac{3}{4}$	trois des quatres	trois noires.
$\frac{3}{8}$	trois des huit	trois croches.
$\frac{12}{8}$	douze des huit	douze croches.

ARTICLE VII.

Des Mesures.

Je me contenterai de dire pour le moment qu'il faut entendre par mesure un nombre plus ou moins grand de notes, compris entre deux lignes perpendiculaires qui sont les limites d'une mesure à l'autre. EX.

Il y a trois sortes de Mesures :

    Celle à deux tems.

    Celle à trois tems.

    Celle à quatre tems.

Un *tems* est donc une partie de la mesure ; si elle est à deux tems, il en est la moitié : si elle est à trois tems, il en est le tiers ; si elle est à quatre tems, il en est le quart.

Il y a plusieurs mesures de chaque espèce qu'il faut connaître en détail. Il y en a quatre sortes à deux tems ; le chiffre 2 après la clef désigne cette mesure.

Mesure à deux tems.   EX. 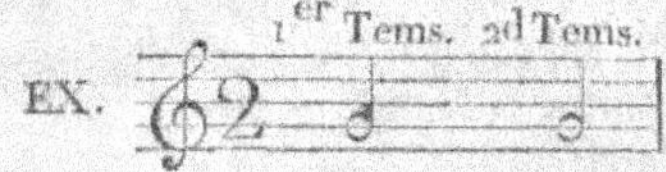

Toutefois que ce chiffre 2 seul désigne la mesure d'un morceau de musique, il doit y avoir dans chaque intervalle des lignes perpendiculaires deux blanches ou la valeur de ces deux notes. Ce qui se repète d'un bout à l'autre du morceau de musique.

Dans la mesure appelée *deux-quatre*, il n'y a que deux noires ; ce sont ici les noires qui marquent les tems ou leurs valeurs.   EX. 

Dans la mesure appelée *six-huit*, il y a six croches divisées trois par trois pour former deux tems égaux. EX. 

Dans la mesure appelée C ou ₵ *barré*, il y a la même qualité et quantité de notes que dans celle à deux tems simple. *Nous en dirons un mot plus loin.*   EX. 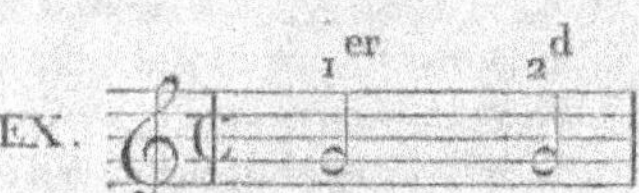

La mesure appelée *trois-deux* contient trois blanches ou leurs valeurs.   EX. 

La mesure appelée *trois-quatre* contient trois noires ou leurs valeurs.   EX. 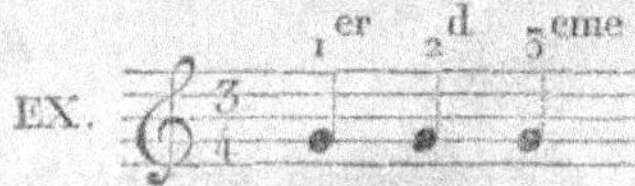

La mesure appelée *trois-huit* contient trois croches ou leurs valeurs.   EX. 

Mesure à quatre tems désignée par un C, *dont nous donnerons quelqu'explication*, cette mesure contient quatre noires, une pour chaque tems, ou leurs valeurs.

EX.

Mesure à *douze-huit* contient douze croches, divisées trois par trois, pour former quatre tems égaux.

EX.

On voit qu'il y a quatre différentes mesures à deux tems, celle

à 2, à $\frac{2}{4}$, à $\frac{6}{8}$, et e ₵ barré.

Trois différentes mesures à trois tems,

à $\frac{3}{2}$, à $\frac{3}{4}$, à $\frac{3}{8}$.

Deux différentes mesures à quatre tems,

à C, à $\frac{12}{8}$.

ARTICLE VIII.

Remarque sur les Mesures.

Lorsque l'on voit deux chiffres pour l'indication d'une mesure, on doit toujours commencer par nommer le chiffre supérieur qui indique la quantité de notes composant la mesure : le chiffre supérieur indique seulement la quantité de ces notes. Si ce sont des blanches, c'est un 2 ; des noires, un 4 ; des croches, un 8. La règle est générale. On ne peut pas donner une idée juste de la signification du C que tous les compositeurs tant anciens que modernes ont employé pour l'indication de la mesure à quatre tems, appelée autrefois mesure *Quarrée*. Il faut croire que ce signe avait anciennement une analogie avec les *quatre noires* qui composent la mesure qu'il indique, mais il nous suffit de savoir qu'il est consacré par un long usage, et qu'il représente le chiffre 4.

Le ₵ pourrait être considéré comme étant une mesure à *quatre tems*, mais on la bat toujours à deux tems, comme celle de deux tems simples, ce qui donne une blanche ou deux noires à chaque tems.

ARTICLE IX.

Il serait difficile, surtout à un élève, d'exécuter ou de chanter un morceau de musique, en observant une parfaite égalité dans les tems, s'il ne marquait la mesure, soit avec le pied, soit avec la main. Ainsi l'on dit : battre la mesure à deux tems, à trois tems, à quatre tems.

Ces quatre différentes mesures se battent à deux tems, par un mouvement égal, que le dernier tems ne soit pas plus prompt ni plus lent que le premier. La mesure se bat toujours avec la main droite, en suivant le mouvement comme il est marqué.

Ces quatre mesures se battent à deux tems.   EX .

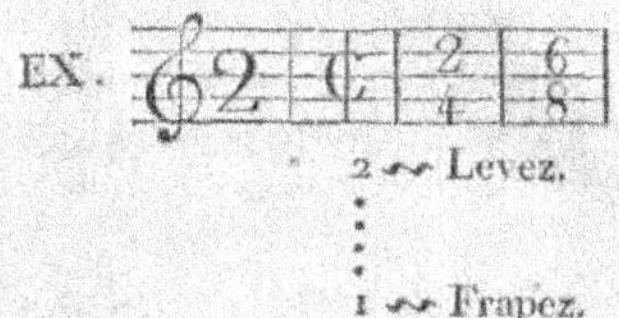

Ces trois sortes de mesures se battent à trois tems.   EX .

Ces deux mesures se battent à quatre tems.   EX .

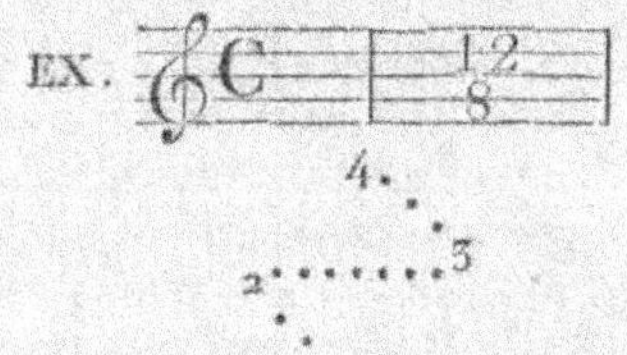

ARTICLE X.

Valeur des notes mises en mesure.

Pour donner connaissance aux élèves de la manière dont on distribue les notes et les soupirs ou pauses qui complètent chaque mesure, entre les lignes perpendiculaires, les chiffres au-dessous des notes marquent les tems.

Il y avait encore autrefois des mesures à $\frac{12}{4}$, à $\frac{6}{4}$, à $\frac{9}{8}$; mais comme elles ne sont que très-peu en usage aujourd'hui, une plus longue explication deviendrait inutile. Cette division des mesures est la même chez tous les peuples.

ARTICLE XI.

Des Triolets.

On entend par *triolets*, ou *triols*, ou *triads*, trois notes marquées au-dessus d'une liaison ⌢, ou d'un petit chiffre 3. Dans ce cas, les trois notes n'entrent dans la mesure que pour la valeur de deux.

EXEMPLE.

Il arrive souvent dans les morceaux d'ensemble qu'un ou plusieurs musiciens restent dans l'inaction pendant qu'un ou plusieurs autres exécutent. Ils ne cessent point pour cela de battre la mesure, et toutes celles qu'ils ont à passer en silence, sont indiquées par des pauses.

EXEMPLE.

Le chiffre qui est au-dessus indique combien on doit passer de mesures en silence ; après quoi on reprend l'exécution.

ARTICLE XII.

Des Tons et Demi-Tons.

Il est très-essentiel de ne pas confondre *un ton* avec *un son*. Une note isolée que l'on chante ou une corde que l'on fait résonner, produit un son ; mais par *ton*, on doit entendre l'intervalle qu'il y a d'une note à celle qui suit, soit en montant, soit en descendant, comme d'*ut* à *re*, de *re* à *mi*, de *sol* à *la* en montant ; et de *la* à *sol*, de *mi* à *re*, de *re* à *ut* en descendant. Le *demi-ton* n'est que la moitié de cet intervalle, c'est-à-dire, que pour produire un *demi-ton*, la voix s'élève ou s'abaisse de moitié moins que pour produire un ton.

ARTICLE XIII.

Il y a *cinq tons* et deux *demi-tons* parmi les notes que l'on nomme naturelles, et qui composent la gamme d'*ut*.

Exemple de la gamme d'ut.

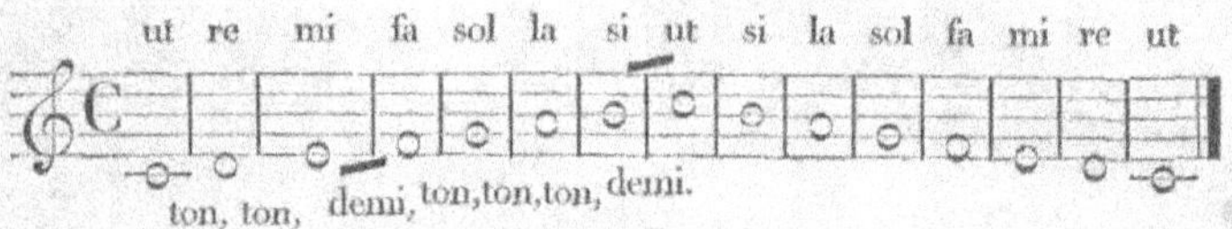

Il est facile de voir d'après cet exemple que les 5 *tons* naturels sont ceux de l'*ut* au *re*, du *re* au *mi*, du *fa* au *sol*, du *sol* au *la* et du *la* au *si*; et que les deux *demi-tons* naturels sont ceux du *mi* au *fa*, et du *si* à l'*ut*.

ARTICLE XIV.

Des Signes appelés Diëze, Bémol et Bécare.

On forme aussi d'autres tons et demi-tons, au moyen de signes caractéristiques qu'il faut d'abord connaître.

Le signe ♯ appelé *Diëze*, élève le son de la note qu'il précède d'un demi-ton.

EX. 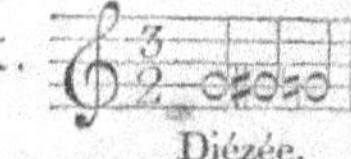

Le signe ♭ appelé *Bémol*, baisse d'un demi-ton le son de la note devant laquelle il est placé.

EX. 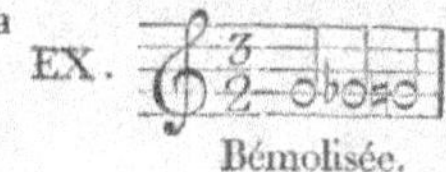

Le signe ♮ appelé *Bécare*, sert à remettre dans son ton naturel une note *diézée* ou *bémolisée*.

Pour rendre ces exemples encore plus sensibles, j'ajouterai que du *mi* au *fa*, il y a un *demi-ton*.

EX. 

S'il faut que j'en forme un ton plein, il est facile de concevoir qu'en mettant un dièze devant le *fa*, cette note se trouvera haussée d'un demi-ton: Ce qui produit pour lors un ton du *mi naturel* au *fa dièze*. EX.

J'aurai le même résultat en baissant le *mi* d'un demi-ton par le moyen du *bémol*. il y aura également un ton plein du *mi bémol* au *fa naturel*. EX.

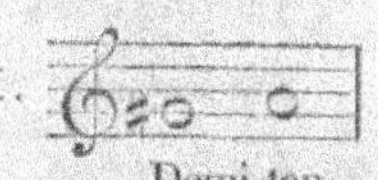

Si l'on veut réduire le ton plein à un demi-ton il faut également employer le *dièze* ou le *bemol*, ainsi du *sol* au *la* il y a un ton. EX.

Mais en mettant un dièze devant le *sol*, il ne restera plus qu'un demi-ton du *sol dièze* au *la naturel*. EX.

Il n'y aura également qu'un *demi-ton* si le *la* est baissé au moyen du bémol. EX.

N. B. Pour l'intelligence de ce qui va suivre, il est indispensable de se bien rappeler que les deux demi-tons naturels sont ceux du *mi* au *fa* et du *si* à l'*ut*, et que tous les autres demi-tons se font par le moyen du *dièze* ou du *bémol*.

ARTICLE XV.

Des gammes en général.

On sait qu'il n'y a que sept notes dans la musique; mais on peut faire autant de gammes qu'il y a de notes, en partant de chacune d'elles, et en remontant a son octave.

par exemple, partant d'*Ut* ou dira	*Ut, Re, Mi, Fa, Sol, La, Si, Ut.*
de *Re*.	*Re, Mi, Fa, Sol, La, Si, Ut, Re.*
de *Mi*.	*Mi, Fa, Sol, La, Si, Ut, Re Mi.*
de *Fa*.	*Fa, Sol, La, Si, Ut, Re, Mi, Fa.*
de *Sol*,	*Sol, La, Si, Ut, Re, Mi, Fa, Sol.*
de *La*.	*La, Si, Ut, Re, Mi, Fa. Sol, La,*
de *Si*.	*Si, Ut, Re, Mi, Fa, Sol, La, Si.*

ARTICLE XVI

Des termes généraux.

En langage musical on appelle *Tonique* la premiere note d'une gamme; parceque c'est elle qui donne le ton; et que toutes les autres notes de la gamme sont pour ainsi dire sous sa dépendance, ainsi *Ut* est la *Tonique* de la gamme d'*Ut*; *Re* de la gamme de *Re* etc: cette premiere note est ainsi nommée le *Premier dégré.*

La Seconde note d'une gamme est nommé *la Seconde* ou le 2eme *Dégré.*

La Troisième   *la Tierce* ou le 3eme *Dégré.*

La Quatrième   *la Quarte* ou le 4eme *Dégré.*

La cinquième   *la Quinte* ou le 5eme *Dégré.*

La Sixième   *la Sixte* ou le 6eme *Dégré.*

La Septième   *la Septième* ou le 7eme *Dégré.*

La Huitième   *l'Octave* ou le 8eme *Dégré.*

Exemple.

Sur la gamme d'ut applicable aux autres gammes.

UT   RE   MI   FA   SOL   LA   SI   UT

Tonique, Seconde, Tierce, Quarte, Quinte, Sixte, Septième, Octave.

1er *Dégré,* 2^{d} D. 3e D. 4e D. 5e D. 6e D. 7e D. 8e D.

ARTICLE XVII.

Des gammes majeures et mineures.

Les Gammes se divisent en deux espéces; en majeurs et en mineurs. La gamme majeure est composée de cinq tons pleins, et de deux demi-tons. Le premier demi-ton est constamment placé du troisième au quatriéme dégré, ou ce qui est la même chose de la tierce à la quarte; le second demi-ton est du septième au huitième dégré, autrement dit de la septième à l'octave.

Exemple.

Gamme d'ut majeur en montant, où les deux demi-tons marqués par ce trait
se trouvent du troisième au quatrième dégré et du septième au huitième.

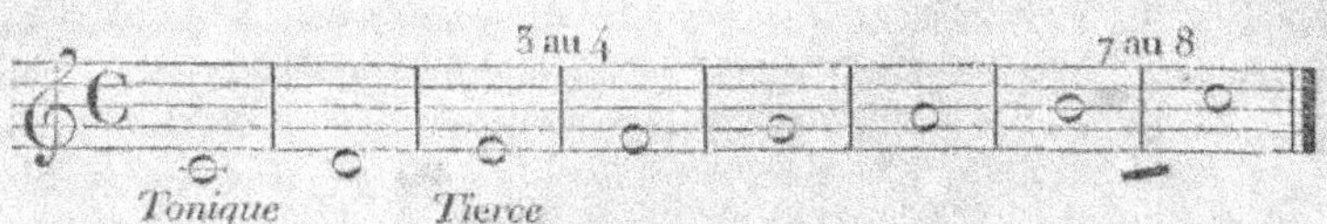

La gamme mineure est composée du même nombre de tons et de demi-tons, mais
le premier demi-ton est placé du deuxième au troisième dégré, ou de la seconde à la
tierce, c'est en quoi seulement elle diffère de la gamme majeure; car le reste de la
gamme en montant marche absolument de même, et le dernier demi-ton est également
du septième au huitième dégré.

Exemple.

Gamme d'Ut mineure où les deux demi-tons se trouvent du deuxième au troisième
et du septième au huitième dégré

De ces deux exemples il est aisé de conclure, que c'est la tierce qui détermine si
une gamme est majeure ou mineure, puisque la différence consiste en deux tons pleins
de la *Tonique* à la *Tierce* pour la majeure, et *un ton* et *un demi* de la *Tonique*
à la *Tierce* pour la mineure.

Exemple.

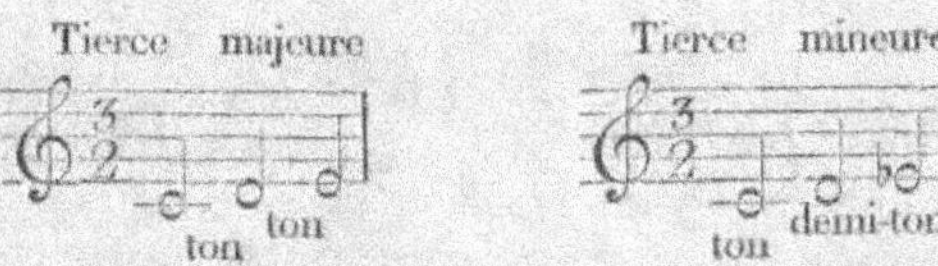

Le bémol placé au *Mi* pour former la tierce mineure, produit l'effet de rejetter,
le demi-ton naturel du *Mi* au *fa*, un demi-ton plus bas, c'est-à-dire, du *Re* naturel
au *Mi* bémol.

ARTICLE XVIII.

La *Note sensible* est celle qui occupe le septième dégré dans les gammes, soit majeures soit mineures, elle précéde d'un demi-ton l'octave qui n'est que la répétition de la tonique. Il a été dit qu'il y avait autant de gammes que de notes; chacune de ces gammes à un septième dégré que l'on nomme note *Sensible*, et qui est toujours placé un demi-ton au dessous de la tonique répétée:

Il y a Par conséqnent, autant de notes *Sensibles* que de *Toniques*. elle porte le nom de *Sensibles*, parceque l'oreille la moins délicate sentira un effet désagréable, si l'on chante la gamme en s'arrétant sur cette septième note, qui laisse à désirer la tonique qui suit.

Des notes sensibles placées un demi-ton au dessous des toniques.

La *Note sensible* de la tonique *Ut*, est *Si*; parcequ'il y a un demi-ton naturel du *Si* à l'*Ut*

EX.

note sensible tonique.

d'*Ut dièze*, est *Si dièze*, parceque les deux notes sont haussées d'un demi-ton.

EX.

S.   T.

de *Re*, est *Ut dièze*.

EX.

S.   T.

de *Mi bémol*, est *Re*.

EX.

S.   T.

de *Mi*. est *Re dièze*.

EX.

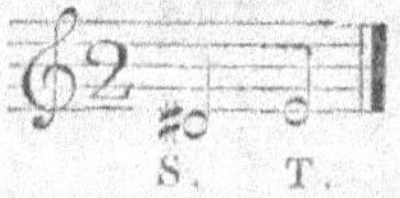

S.   T.

de *fa*, est *Mi*. parcequ'il y a un demi-ton naturel du *Mi* au *Fa*.

EX.

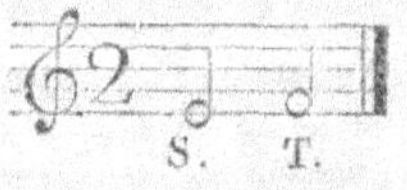

S.   T.

de *Fa dièze*, est *Mi dièze*. parceque les deux notes sont haussées d'un demi-ton.

EX.

S.   T.

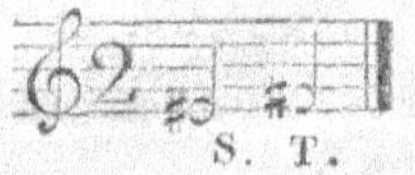

de *Sol*, c'est *Fa dièze*.   EX.

de *La bémol*, c'est *Sol*.   EX.

de *La*, c'est *Sol dièze*.   EX.

de *Si bémol*, c'est *La*.   EX.

de *Si*, c'est *La dièze*.   EX.

ARTICLE XIX.

Des gammes majeures.

Toute gamme est composée de cinq tons, et de deux demi-tons, les deux demi-tons dans les majeurs doivent être placés du troisième au quatrième dégré, et du septième au huitième dégré dans la gamme d'*Ut*, les deux demi-tons se trouvent du *Mi* troisième, au *Fa* quatrième dégré, et du *Si* septième, à *Ut*, huitième dégré.   EX.

ARTICLE XX.

Mais si par fantaisie vous voulez faire la gamme de *Fa*, il vous faut trouver un demi ton, du *La* troisième au *Si* quatrième degré, ce qui dérange l'ordre établie, pour les demi-tons du *Mi* au *Fa* et du *Si* à l'*Ut*.   EX.

Il a cependant été dit, qu'ils doivent constamment être placés du troisième au quatrième dégré et du septième au huitième. On a senti qu'il fallait imaginer des signes qui pussent hausser ou baisser d'un demi-ton la note devant laquelle ils seraient placés; mettez donc un bémol devant la note *Si*, quatrième dégré de cette gamme de *Fa*, alors le *Si* sera baissée d'un demi-ton, et vous aurez un ton plein du *Si bémol* à l'*Ut*, quant au dernier demi-ton, il se trouve naturellement bien placé du *Mi* septième au *Fa* huitième dégré; *Mi* est la note sensible comme étant septième dégré de cette gamme.   EX,

De même, si vous voulez faire la gamme de *Sol*, le premier demi-ton se trouvera bien placé du *Si* troisième à l'*Ut* quatrième dégré. Mais le second demi-ton naturellement placé du *Mi* sixième au *Fa* septième dégré, formerait une gamme sans note sensible, et sans que le demi-ton se trouve à sa place ce qui ne doit pas être.   EX.

Placez donc un dièze devant la note *Fa* dès lors vous aurez un ton plein du *Mi* sixième au *Fa* dièze septième dégré, et un demi-ton du *Fa* dièze septième à *Sol* huitième dégré, et ce *Fa* dièze septième dégré est la note sensible de *Sol*.   EX.

On voit que dans la gamme de *Fa*, il a fallu employer un *Bémol* pour obtenir le premier demi-ton, et dans celle de *Sol* il a fallu employer un dièze pour en obtenir le dernier.

Les deux demi-tons dans toutes les gammes majeures qui doivent être constamment placés du troisième au quatrième dégré et du septième au huitième prouvent évidemment qu'ils sont l'*origine* des *dièzes* et des *bémols*, puisque ce sont ceux qui les ont occasionnés et qui fixent à chaqu'un la place qui lui est destiné.

ARTICLE XXI

Remarque sur la marche des toniques.

Dans les exemples que je viens de détailler, on peut remarquer le placement des *Toniques*, qui montent de cinq en cinq dégrés pour les dièzes ; et descendent de cinq en cinq dégrés pour les bémols, je m'explique: partant de la *Tonique Ut*, je monte cinq dégrés, et je trouve la note *Sol* dès lors cette note *Sol* devient la tonique du ton où l'on employe un dièze.

partant de la *Tonique Sol* montant cinq dégrés je trouve la note *Re* qui devient la *Tonique* du ton où l'on employe deux dièzes. etc:

Il en resulte que si l'on est embarrassé de trouver la tonique d'un ton qui je suppose porte cinq dièzes pour décoration, on peut faire ce calcul, en partant toujours de la tonique Ut , et ajoutant un dièze de cinq en cinq dégrés, en montant.

Ut, Re. Mi, Fa, SOL,   un dièze.   *Sol, La, Si. Ut , RE,*   deux dièzes.

Re. Mi, Fa , Sol, LA,   trois dièzes.   *La , Si , Ut , Re , MI,*   quatre dièzes,

Mi , Fa , Sol, La , SI ,   cinq dièzes,   ainsi de suite jusqu'a sept.

Pour les bémols on suit la même marche , mais en sens contraire ç'est-à-dire en descendant .

De la *Tonique Ut* on descend cinq dégrès et l'on trouve la note *Fa*, qui devient la tonique du ton où l'on employe un bèmol.

De la tonique *Fa* descendant encore cinq dégrès on trouve le *Si bémol* et cette note *Si bémol* devient la tonique du ton où l'on en employe deux .

En supposant donc que je veuille trouver la tonique d'un ton qui porte six bémols a la clef, je descendrai six fois cinq dégrés et la dernière note deviendra la tonique de ce ton.

Ut, Si, La , Sol, FA ,   un bémol.   *Fa , Mi, Re , Ut , SI* ♭·   deux bémols

Si . La. Sol, Fa , MI ♭,   trois bémols .   *Mi, Re, Ut, Si, LA* ♭,   quatre bémols.

La, Sol, Fa , Mi, RE ♭,   cinq bémols .   *Re, Ut, Si, La, Sol* ♭,   six bémols.

Il est bien important d'avoir toujours cette marche de tonique présente à la mémoire, ces calculs entraînent beaucoup de longueur, il faut se faire une habitude de les trouver promptement et savoir que les toniques où l'on employe les dièzes, sont

Sol, 1 ♯. *Re,* 2 ♯. *La,* 3 ♯. *Mi,* 4 ♯. *Si,* 5 ♯. *Fa,* 6 ♯. *Ut.* 7 ♯.

et celles où l'on employe les bémols sont:

Fa 1 ♭· *Si* ♭ 2 ♭· *Mi* ♭ 3 ♭· *La* ♭ 4 ♭· *Re* ♭ 5 ♭· *Sol* ♭ 6 ♭· *Ut* ♭ 7 ♭·

ARTICLE XXII.

Exemples des gammes majeures avec des bémols.

Je commencerai de préférence mes exemples, par les gammes où l'on employe les bémols, par la raison que ce sont eux qui forment le premier demi-ton du troisième au quatrième dégré; au lieu que les dièzes dans les gammes où on les employent, forment le dernier demi-ton du septième au huitième dégré.

Gammes d'*Ut* toutes notes naturelles. EX.

Gamme de *Fa*, le premier bémol doit être au *Si* quatrième dégré, EX.

Gamme de *Si Bémol* le deuxième bémol au *Mi* quatrième dégré. EX,

Gamme de *Mi Bémol* le troisième bémol au *La* quatrième dégré. EX.

Gamme de *La Bémol*, le quatrième bémol au *Re* quatrième dégré. EX.

Gamme de *Re Bémol* le cinquième bémol au *Sol* quatrième dégré. EX.

Gamme de *Sol Bémol*, le sixième bémol à l'*Ut*, quatrième dégré. EX.

Gamme d'*Ut Bémol* le septième Bémol au *Fa*, quatrième dégré. EX,

Les Toniques où l'on employe les bémols sont:

Et les bémols au quatrième dégré sont placés sur:

Il faut bien se garder de confondre le placement des bémols avec les toniques indiquées ci-dessus.

ARTICLE XXIII.

Exemple des gammes majeures avec des dièzes.

J'ouvrirai la marche des dièzes par la gamme d'*Ut.* où toutes les notes sont naturelles, pour servir de modèles aux autres .   EX.

Gamme de *Sol*. Le dièze est placé au *Fa*, septième dégré, note sensible de *Sol*.   EX.

Gamme de *Re* , le deuxième à l'*Ut*, septième dégré, note sensible de *Re*.   EX.

Gamme de *La* , le troisième dièze au *Sol*, septième dégré , note sensible de *La*.   EX.

Gamme de *Mi*, le quatrième dièze au *Re* , septième dégré , note sensible de *Mi*.   EX.

Gamme de *Si*, le cinquième dièze au *La* , septième dégré , note sensible de *Si* .   EX.

Gamme de *Fa dièze*, le sixième dièze au *Mi* , septième dégré , note sensible de *Fa dièze* .   EX.

Gamme d'*Ut dièze* , le septième dièze au *Si* , septième dégré , et note sensible d'*Ut dièze* .   EX.

Les Toniques où l'on employe les dièzes sont:

Les dièzes au septième dégré, formant les notes sensibles, sont placés sur :

Il faut également bien prendre garde de les confondre avec les toniques.

ARTICLE XXIV

Remarque sur le placement des dièzes et des bémols.

On a du voir qu'a mesure que la nécessité du premier demi-ton a fait naître un bémol, deux, trois, et enfin jusqu'à sept, ils ont été reportés à la place indiquée par la note qu'ils représentent immédiatement après la clef. on les place ainsi et non pas à la note, comme nous venons de le faire, pour éviter la confusion qui rendrait la lecture de la musique extrèmement difficile ; au lieu qu'en les placant à coté de la clef, on doit être prévenu une fois pour toutes, que chaque note qu'ils désignent seront bémolisées d'un bout à l'autre du morceau de musique ou ils sont employés.

Il en est de même des dièzes.

Par exemple dans la gamme de *Fa*, il y a un bémol placé au *Si* son quatrième dégré. EX.

En le mettant à la clef, on prévient que tous les *Si*, qui se trouvent dans le morceau seront bémolisés, sans avoir besoin d'employer un signe à coté de chaque *Si*.

Ce premier bémol une fois placé reste invariablement le premier, et donne le nom de *Si* bémol, à la gamme où l'on en employe un second placé au *Mi*. EX.

Alors le *Mi* sera toujours le second bémol placé à la clef, tous les *Mi* aussi bien que les *Si*, seront censés bémolisés sans aucun autre signe.

De même l e premier dièze, placé à la clef sur *Fa*, indique que tous les *Fa* seront dièzés dans toute l'étendue du morceau, à moins que l'on ne rencontre le signe ♮ bécare EX.

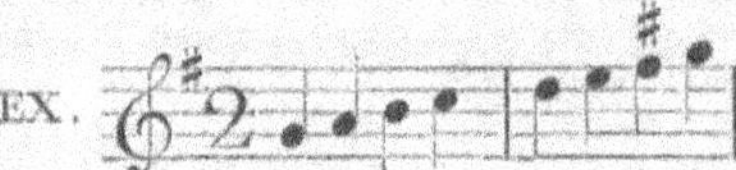

qui remet la note dans son ton naturel; mais alors ce bécare sera indiqué à chacun des *Fa*, s'il n'y est plus, il est censé que le dièze est remis.

Il en est de même pour les bémols.

Le dièze sur le *Fa* restera toujours le premier, le second sera sur l'*Ut*; et tous les *Fa*, et tous les *Ut* de ce morceau sont dièzes. EX.

Ces exemples doivent suffire.

Dans la gamme d'*Ut* il n'y a rien à la clef, les demi-tons étant bien placés. Pour toutes les autres gammes on met à la clef un plus ou moins grand nombre de *dièzes* ou de *bémols*; c'est ce que l'on nomme la *Décoration*.

ARTICLE XXV.

De l'accord Parfait.

Dans chaque gamme trois notes composent ce que l'on appelle l'*accord-parfait* savoir la première, la troisième et la cinquième note d'une gamme; ou la *Tonique*, la *Tierce* et la *Quinte*.

Quand ces trois notes sont touchées ensemble, la réunion de ces trois sons produit l'effet le plus agréable à l'oreille; c'est la perfection de cet accord qui le fait nommer *Accord-parfait*.

Je donnerai quelques exemples ici, en ne choisissant que les *Toniques* naturelles.

Accord parfait d'*Ut* majeur, rien à la clef.   EX.

de *Re* majeur, deux dièzes à la clef. EX.

de *Mi* majeur, quatre dièzes à la clef. EX.

de *fa*, un bémol à la clef.   EX.

de *Sol*, un dièze à la clef.   EX.

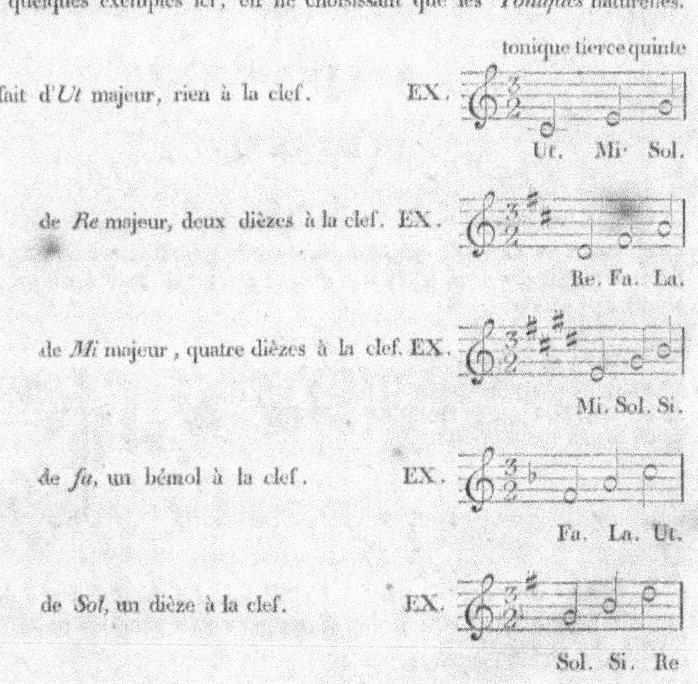

de *La*, trois dièzes à la clef. EX. 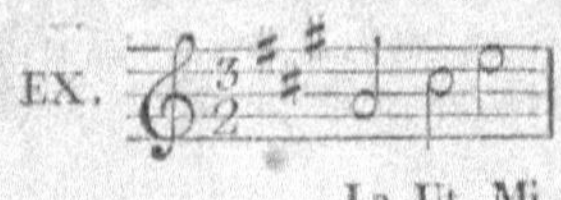

pour décoration. de *Si*, cinq dièzes à la clef EX. 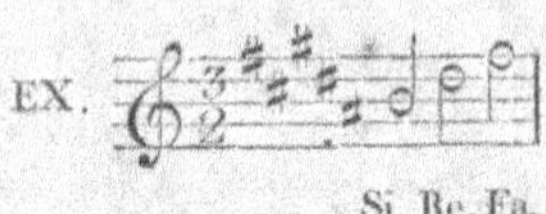

En terme de composition, on appelle toujours la première note d'un accord parfait, *Tonique*; la tierce *Médiante*, ce qui signifie, note du milieu de l'accord parfait, et la quinte *Dominante*, comme la note qui domine les deux autres de l'accord parfait.

ARTICLE XXVI.

Des tons relatifs.

Chaque ton majeur a son ton relatif mineur, les rapports entre ces deux tons consistent; 1. en ce qu'ils ont tous les deux la même décoration; 2. en ce que dans l'accord parfait des deux tons, il y a deux notes qui sont les mêmes; un exemple rendra ceci plus clair.

Le ton d'*Ut* majeur a pour relatifs le ton de *La* mineur, ils n'ont ni dièzes ni bémols à la clef: la *Décoration* est donc la même pour l'un comme pour l'autre ton. EX. 

Et dans les deux accords parfaits *Ut Mi Sol*, *La Ut Mi*, il y a deux notes qui sont les mêmes *Ut* et *Mi*, je les ai marqué noires pour les rendre plus sensibles à l'œil peu exercé.

RÈGLE GÉNÉRALE.

Lorsque vous voulez connaître le ton relatif mineur, d'un ton majeur quelconque, descendez deux dégrés au dessous de la tonique du ton majeur, et vous trouverez infailliblement votre relatif mineur; partant d'*Ut* vous trouvez deux dégrés au dessous le ton *relatif La*.

De même si, partant d'un ton mineur, vous voulez trouver son relatif majeur, il faut prendre la marche contraire, et monter deux dégrés. Ainsi de *La* mineur en montant deux dégrés, vons trouverez la tonique *Ut*.

Je ne ferai que rapporter les exemples pour les autres tons relatifs, attendu qu'il est bien facile d'en faire l'application.

Les *Décorations* avec bémols à la clef, ne different en aucune manière de celles qui ont des dièzes.

Le ton relatif mineur est toujours deux dégrés au dessous du majeur. La décoration est toujours la même pour l'un et l'autre ton. Il y a dans les deux accords parfaits deux notes qui sont toujours les mêmes.

ARTICLE XXVII.

Tableau général des Tons relatifs majeurs et mineurs jusqu'a sept dièzes.

Ut majeur et *La* mineur, même décoration, rien à la clef.

Ut et *Mi* se trouvent dans les deux accords parfaits.

Sol majeur et *Mi* mineur, tons relatifs, même décoration, un dièze à la clef.

Sol et *Si* se trouvent dans les deux accords parfaits.

Re majeur et *Si* mineur tons relatifs même décoration, deux dièzes à la clef.

Re et *Fa* se trouvent dans les deux accords parfaits.

EX. 

La majeur et *Fa dièze* mineur tons relatifs même décoration, trois dièzes à la clef.

La et *Ut* se trouvent dans les deux accords parfaits.

EX. 

Mi majeur et *Ut dièze* mineur tons relatifs même décoration, quatre dièzes à la clef.

Mi et *Sol* sont dans les deux accords parfaits.

EX. 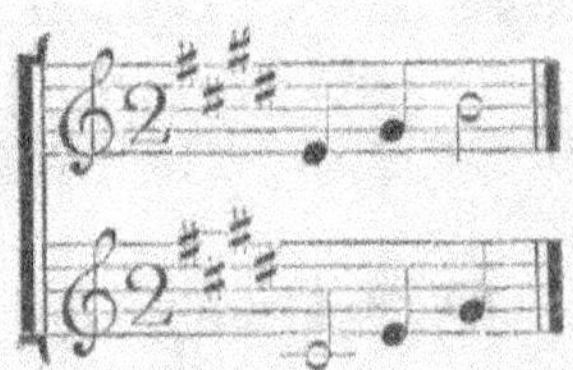

Si majeur et *Sol dièze* mineur, tons relatifs même décoration, cinq dièzes à la clef.

Si et *Re* sont dans les deux accords parfaits.

EX. 

Fa dièze majeur et *Re dièze* mineur, tons relatifs même décoration, six dièzes à la clef.

Fa et *La* sont dans les deux accords parfaits.

EX. 

Ut dièze majeur et *La dièze* mineur, tons relatifs même décoration, sept dièzes à la clef.   EX.

Ut et *Mi* sont dans les deux accords parfaits.

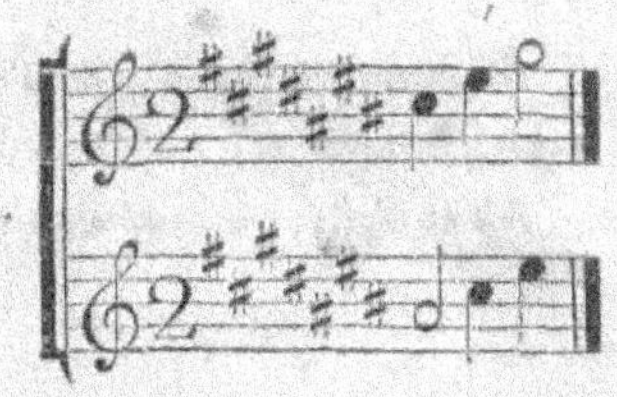

ARTICLE XXVIII.

Tableau général des tons majeurs et mineurs jusqu'à sept bémols.

Nous prenons toujours pour modèles les tons d'*Ut* majeur et de *La* mineur, rien à la clef.   EX.

Fa majeur et *Re* mineur, tons relatifs. même décoration, un bémol à la clef.   EX.

Fa et *La* se trouvent dans les deux accords parfaits.

Si bémol majeur et *Sol* mineur tons relatifs même décoration, deux bémols à la clef.   EX.

Si et *Re* se trouvent dans les deux accords parfaits.

Mi *bémol* majeur et *Ut* mineur, tons relatifs, même décoration, trois bémols à la clef.

Mi et *Sol* se trouvent dans les deux accords parfaits.

EX. 

La *bémol* majeur et *Fa* mineur, tons relatifs même décoration, quatre bémols à la clef.

La et *Ut* se trouvent dans les deux accords parfaits.

EX. 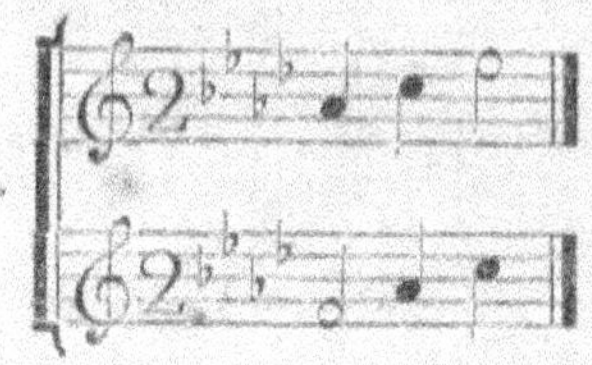

Re *bémol* majeur et *Si bémol* mineur, tons relatifs, même décoration, cinq bémols à la clef.

Re et *Fa* se trouvent dans les deux accords parfaits.

EX. 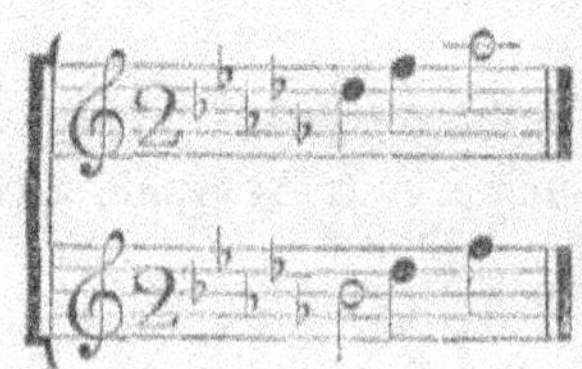

Sol *bémol* majeur et *Mi bémol,* mineur tons relatifs, même décoration, six bémols à la clef.

Sol et *Si* se trouvent dans les deux accords parfaits.

EX. 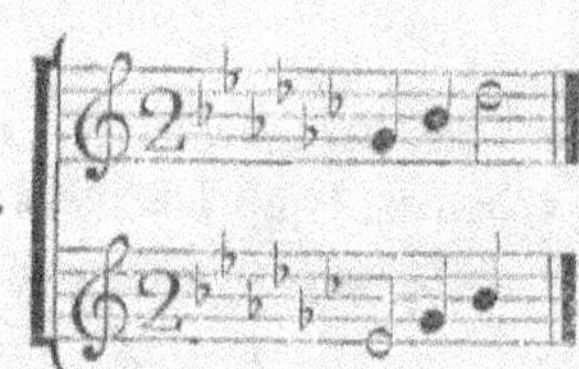

Ut *bémol* majeur et *La bémol* mineur, tons relatifs, même décoration, sept bémols à la clef.

Ut et *Mi* se trouvent dans les deux accords parfaits.

EX. 

ARTICLE XXIX.

Remarques sur les tons relatifs.

J'ai dit plus haut (et les exemples précédens doivent l'avoir prouvé) qu'il faut toujours chercher la tonique du ton relatif mineur deux dégrés au dessous de la tonique du ton majeur.

Remarquez que je me sers de l'expression de *deux dégrés*, au-lieu de celle de *tierce au-dessous*; les *tierces* ne doivent se compter qu'en montant; une tierce majeure doit avoir deux tons, et la tierce mineure, un ton et un demi. En partant de la tonique majeure, si l'on comptoit *une tierce au-dessous*, on trouveroit un demi ton et un ton ensuite, ce qui produiroit une tierce mineure renversée, chose qui ne doit pas être; au-lieu que les dégrés se comptent en montant comme en descendant, sans avoir égard si c'est un *ton plein* ou un *demi* qui se rencontre.

Au contraire, il est bien important, en partant d'un ton mineur, de compter *la tierce mineure au-dessus* et non pas *deux dégrés* pour trouver le ton relatif majeur. Par exemple, si l'on me demande, quel est le ton relatif majeur d'*Ut* mineur; je raisonne ainsi : de l'*Ut* naturel au *Re* naturel, il y a un ton plein, du *Re* naturel au *Mi* naturel un autre ton plein, ce qui ne peut former une tierce mineure. Il faut d'abord trouver un ton et ensuite un demi. Donc dans ce cas-ci le *Mi* doit être bémolisé. Règle générale : la dernière note de la tierce mineure indique toujours la tonique du relatif majeur, je sais donc que *Mi bémol* majeur est le relatif d'*Ut* mineur.

On me demande ensuite quelle est la décoration de ces deux relatifs? Je sais que la marche des toniques majeures avec bémols, descend de cinq en cinq dégrés. Partant toujours d'Ut, je descends cinq dégrés plus bas, je me trouve en *Fa* où il y a un bémol à la clef, placé au *Si*, quatrième dégré de la gamme de *Fa*; partant de *Fa*, descendant encore cinq dégrés, je me trouve en *Si bémol* majeur où il y a deux bémols, le premier invariable au *Si* et le second au *Mi* quatrième dégré de la gamme de *Si bémol*; partant de *Si bémol* et descendant encore cinq dégrés, je me trouve en *Mi bémol* majeur où il y a trois bémols, les deux premiers au *Si* et au *Mi* et le troisième au *La*, quatrième dégré de la gamme de *Mi bémol*. Donc *Mi bémol* majeur et *Ut* mineur ont pour décoration trois bémols placés au *Si*, au *Mi* et au *La*.

Voyez trois bémols à la clef, aux exemples des tons relatifs, article 28 et la marche des toniques avec bémols, article 21. Cette explication doit suffire pour indiquer la marche à suivre pour les autres tons, elle est constamment la même pour les dièzes comme pour les bémols; il n'y a de différence que dans la marche des toniques.

ARTICLE XXX,

TABLEAU GÉNÉRAL,

des Toniques, Majeures, et Mineures.

En parcourant les Tons Majeurs et Mineurs, on a remarqué combien il y en a de chaque espece; dans le cas que cette observation ait échappé, j'ai cru qu'il ne serait pas inutile de les rapprocher avec leurs différentes décorations dans un même Tableau.

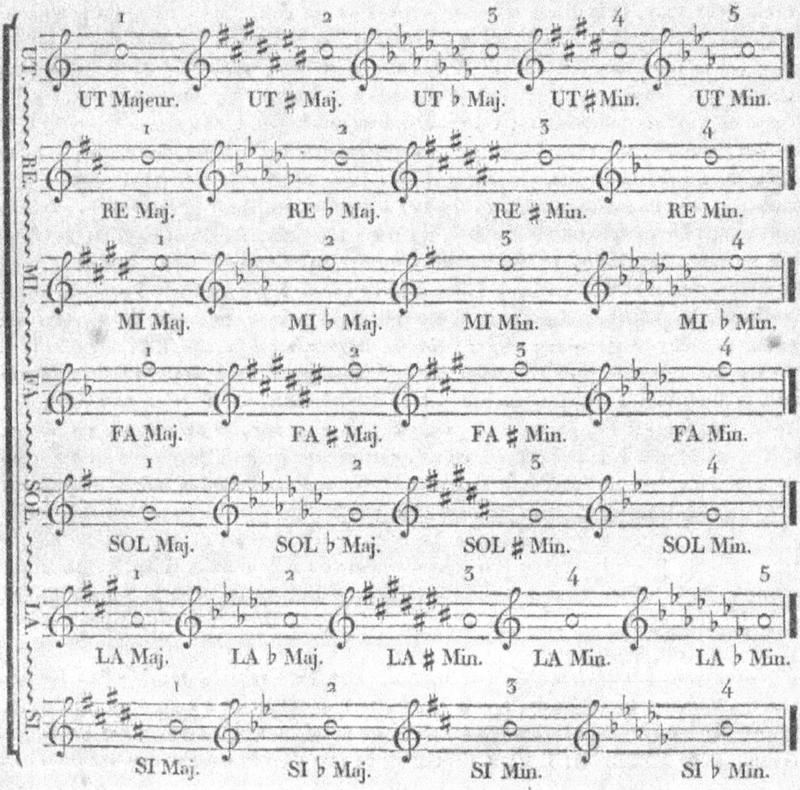

ARTICLE XXXI,

Des gammes mineures.

Toutes gammes soit majeures, soit mineures, doivent être composées de cinq tons pleins et de deux demi-tons.

La tierce seule détermine, si une gamme est majeure ou mineure. Composée de deux tons, elle est majeure, et le premier demi-ton doit la suivre du troisième au quatrième dégré en montant la gamme.

Au contraire, si la tierce est mineure, elle n'a qu'un ton et demi, et elle renferme le premier demi-ton de la gamme mineure, qui se trouve placé du deuxième au troisième dégré en montant.

Il faut aussi que la gamme mineure ait sa note sensible, placée comme la majeure au septième dégré.

Prenons pour modèle la gamme de *La* mineur, relatif d'*Ut* majeur, où il n'y a rien à la clef.   EX.

Dans cette gamme, le premier demi-ton du *Si* à l'*Ut*, que renferme la tierce mineure, se trouve bien placé du deuxième au troisième dégré; mais le second du *Mi* au *Fa*, du cinquième au sixième dégré, ne peut rester à cette place.

Le demi-ton se trouvant deux dégrés trop bas, il faut deux dièzes accidentels au *Fa* et au *Sol* pour completter les cinq tons et les deux demi-tons.   EX.

Ce *Sol dièze* formera la note sensible de la tonique *La*. Les deux dièzes sont nommés accidentels, par la raison qu'ils ne font point partie de la décoration, et qu'ils ne sont nécessaires que pour monter la gamme mineure; car on les supprime pour la descendre.   EX.

Toutes les notes sont naturelles dans la gamme de *La mineur*, comme dans son relatif *Ut* majeur. C'est le principal rapport que les tons relatifs ont entr'eux.

La gamme montre ici sa dépendance de la gamme mineure, en ce qu'elle est forcée de suivre en descendant, ce qui lui est prescrit par la décoration ; au-lieu qu'en montant, elle ne diffère d'une gamme majeure que par la tierce.

En effet, placez un dièze à l'*Ut*, vous formez la gamme de *La* majeur trois dièzes.

EX.

ARTICLE XXXII.

Tableau des Gammes majeures et mineures.

N. B. *Les notes dièzées ou bémolisées au moyen de la décoration sont indiquées par un petit point.*

Je pense que ces gammes sont en nombre suffisants pour en faire la comparaison avec toutes les autres. Remarquez bien que la *relation* du mineur au majeur, se manifeste toujours en descendant, conformément à la route qui lui est tracée par la décoration ; c'est-a-dire, que les signes accidentels, soit dièzés, soit bécarés, n'ont lieu qu'en montant la gamme mineure et qu'ils sont effacés en descendant.

ARTICLE XXXIII.

Autre manière de faire la Gamme mineure.

De tout temps la gamme mineure a été un sujet de discussion parmi les Musiciens. Les uns veulent qu'elle soit formée, comme la majeure, de cinq tons et deux demi, ne différant que par la tierce, comme nous venons de la présenter; d'autres, au contraire, prétendent que la tierce ne doit pas être seule mineure, mais que la sixte doit l'être aussi; ils admettent tous la note sensible : il s'en suit de là, que cette gamme mineure est composée de *trois tons*, *trois demi–tons*, et *d'un ton et demi*, du sixième au septième dégré; d'où il arrive qu'ils la descendent comme ils la montent.

EXEMPLE.

Ne voulant contrarier en rien la manière de voir de qui que ce soit, je me suis fait un devoir de rapporter ici des exemples de ces différentes gammes mineures : la dernière dont j'ai parlé a des charmes, quand un compositeur habile fait usage à propos de cette marche de sixte mineure, en montant et en descendant, soit par goût, soit même par licence; mais il est difficile que des oreilles peu exercées, puissent en saisir facilement l'intonation, sur–tout de celle du ton et demi qui se trouve du sixième au septième dégré.

ARTICLE XXXIV.

Troisième manière de faire la Gamme mineure.

Le désir de conserver la sixte mineure a aussi donné lieu à l'invention de cette gamme, qui ne peut être considérée que comme une portion de gamme, puisqu'elle ne s'étend que de la tonique à la sixte; tandis que toute gamme selon le principe, doit aller en montant de la tonique à l'octave, et en descendant de l'octave à la tonique.

EXEMPLE.

L'Auteur de cette dernière gamme , pour éviter l'inconvénient du ton et demi qui se trouverait du sixième au septième dégré montant à l'octave , et voulant conserver la sixte mineure , s'est arrêté à la sixte. Il a fait la gamme en descendant , de manière que la note sensible se trouve au-dessous de la tonique.

ARTICLE XXXV.

Echelle Diatonique.

Lorsque les notes se succèdent dans leur ordre naturel , soit en montant , soit en descendant comme dans une gamme , on donne à cette succession de notes , le nom d'échelle diatonique. On appelle aussi portion de gamme les notes qui se suivent diatoniquement , mais qui ne sont pas en nombre suffisant pour completter la gamme.

EXEMPLE.

ARTICLE XXXVI.

De la Transposition.

Transposer , c'est hausser ou baisser le ton d'un morceau de musique. La transposition est sur-tout très-nécessaire aux élèves qui se destinent au chant. Il arrive très-communément que l'on se trouve dans l'impossibilité de chanter un morceau , parce qu'il est trop haut , ou trop bas pour la qualité de la voix ; alors il faut le transposer d'un *demi-ton* ou *d'un ton* , ou même de *deux tons* plus haut ou plus bas. Cette transposition se fait ordinairement par le moyen des différentes clefs , *dont nous parlerons bientôt*. Voici un modèle de transposition , que l'on peut suivre sans leur secours , jusqu'à ce qu'on se soit familiarisé avec elles.

ARTICLE XXXVII.

Transposition des tons majeurs par demi-ton en montant.

Ton d'*Ut* naturel majeur. EX.

En transposant le ton d'*Ut* naturel, un demi ton plus haut je me trouve en *Ut dièze*. Sept ♯ à la clef. EX.

Ut dièze, un demi ton plus haut je me trouve en *Re*, deux dièzes à la clef. EX.

Re, un demi ton plus haut je me trouve en *Mi bémol*, trois bémols à la clef. EX.

Mi bémol, un demi ton plus haut je me trouve en en *Mi*, quatre dièzes à la clef. EX.

Mi, un demi ton plus haut je suis en *Fa*, un bémol à la clef. EX.

Fa, un demi ton plus haut je suis en *Fa dièze*, six dièzes à la clef. EX.

Fa dièze, un demi ton plus haut je suis en *Sol*, un dièze à la clef. EX.

Sol, un demi ton plus haut je suis en *La bémol*, quatre bémols à la clef. EX.

La bemot, un demi ton plus haut je suis en *La*, trois dièzes à la clef. EX.

La , un demi ton plus haut je suis en *Si bémol* , deux bémols à la clef. EX. 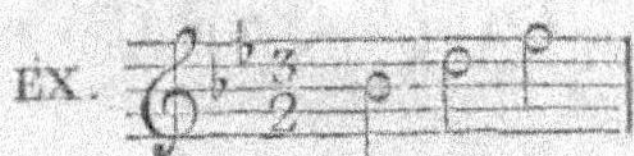

Si bémol , un demi ton plus haut je suis en *Si* , cinq dièzes à la clef. EX. 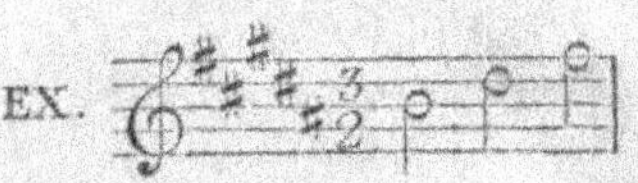

On a dû remarquer dans les exemples précédents, qu'à chaque transposition la décoration a été changée, par la raison qu'elle doit toujours suivre la tonique, qui indique la quantité de *dièzes* ou de *bémols* qui doivent être à la clef.

Actuellement je suppose qu'un morceau que je désire chanter , soit beaucoup trop bas pour ma voix (en le laissant en *Ut*) , je le transposerai en *Re* , deux dièzes à la clef , ou en *Mi* , quatre dièzes. Je placerai d'abord la décoration du ton que j'ai choisi, comme le plus convenable à la portée de ma voix. J'indiquerai la mesure qui reste toujours la même : et au-lieu de copier le morceau tel qu'il est écrit , je placerai chaque note un dégré plus haut, si c'est en *Re* , ou deux dégrés plus haut, si c'est en *Mi* , en conservant toujours la valeur de chaque note.

E X E M P L E.

Le même calcul doit se faire dans les transpositions en descendant.

X X X V I I I.

Transposition des tons majeurs en descendant par demi-ton.

Ut naturel . EX. 

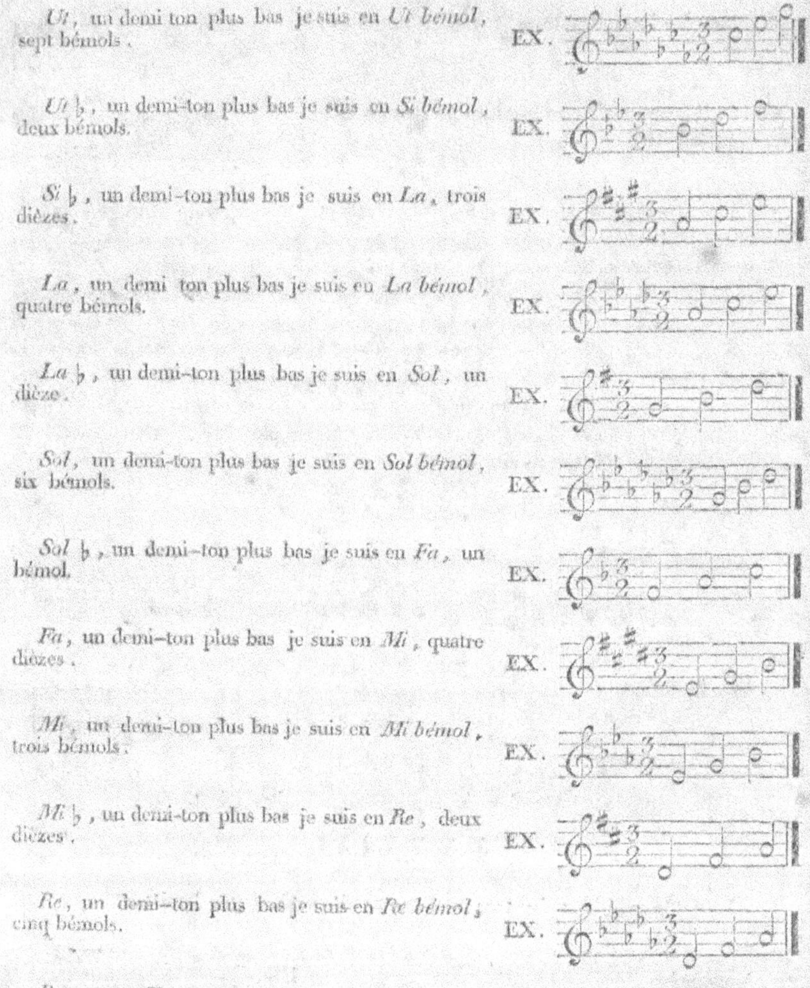

Ut, un demi ton plus bas je suis en *Ut bémol*, sept bémols. EX.

Ut ♮, un demi-ton plus bas je suis en *Si bémol*, deux bémols. EX.

Si ♭, un demi-ton plus bas je suis en *La*, trois dièzes. EX.

La, un demi ton plus bas je suis en *La bémol*, quatre bémols. EX.

La ♭, un demi-ton plus bas je suis en *Sol*, un dièze. EX.

Sol, un demi-ton plus bas je suis en *Sol bémol*, six bémols. EX.

Sol ♮, un demi-ton plus bas je suis en *Fa*, un bémol. EX.

Fa, un demi-ton plus bas je suis en *Mi*, quatre dièzes. EX.

Mi, un demi-ton plus bas je suis en *Mi bémol*, trois bémols. EX.

Mi ♮, un demi-ton plus bas je suis en *Re*, deux dièzes. EX.

Re, un demi-ton plus bas je suis en *Re bémol*, cinq bémols. EX.

Remarque. Un ton majeur ne sauroit se transposer en un ton mineur, non plus qu'un mineur en majeur.

ARTICLE XXXIX.

Transposition des tons mineurs par demi-tons en montant.

Ut mineur trois bémols , relatif de *Mi bémol* majeur.   EX.

Un demi-ton plus haut je suis en *Ut dièze* mineur, relatif de *Mi* majeur , quatre dièzes.   EX.

Un demi-ton plus haut je suis en *Re* mineur , relatif de *Fa* majeur , un bémol.   EX.

Un demi-ton plus haut je suis en *Re dièze* mineur, relatif de *Fa dièze* majeur , six dièzes.   EX.

Un demi-ton plus haut je suis en *Mi* mineur, relatif de *Sol* majeur , un dièze.   EX.

Un demi-ton plus haut je suis en *Fa* mineur , relatif de *La* bémol majeur , quatre bémols.   EX.

Un demi-ton plus haut je suis en *Fa dièze* mineur, relatif de *La* majeur, trois dièzes.   EX.

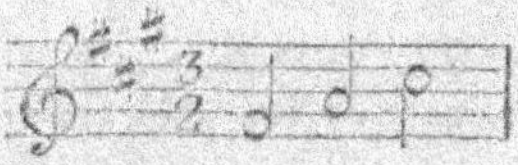

Un demi-ton plus haut je suis en *Sol* mineur, relatif de *Si* ♭ majeur , deux bémols.   EX.

Un demi-ton plus haut je suis en *Sol dièze* mineur, relatif de *Si* majeur , cinq dièzes.   EX.

Un demi-ton plus haut je suis en *La* mineur, relatif d'*Ut* majeur , rien à la clef.   EX.

Un demi ton plus haut je suis en *La dièze* mineur, relatif d'*Ut dièze* majeur, sept dièzes. EX. 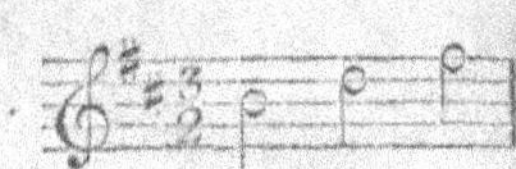

Un demi-ton plus haut je suis en *Si* mineur, relatif de *Re* majeur, deux dièzes. EX.

ARTICLE XL.

Transposition des tons mineurs par demi-tons en descendant.

Ut mineur. EX.

Un demi-ton plus bas je suis en *Si* mineur, relatif de *Re* majeur, deux dièzes à la clef. EX.

Si, un demi-ton plus bas je suis en *Si bémol* mineur, relatif de *Re bémol* majeur, cinq bémols à la clef. EX.

Si ♭, un demi-ton plus bas je suis en *La* mineur, rien à la clef. EX.

La, un demi-ton plus bas je suis en *La bémol* mineur, relatif d'*Ut bémol* majeur, sept bémols. EX.

La ♭, un demi-ton plus bas je suis en *Sol* mineur, deux bémols à la clef. EX.

Sol, un demi-ton plus bas je suis en *Fa dièze* mineur, trois dièzes à la clef. EX.

Fa ♯, un demi-ton plus bas je suis en *Fa* mineur, quatre bémols à la clef. EX.

Fa, un demi-ton plus bas je suis en *Mi* mineur, un dièze.   EX.

Mi, un demi-ton plus bas je suis en *Mi bémol* mineur, relatif de *Sol bémol* majeur, six bémols.   EX.

Mi ♭, un demi-ton plus bas je suis en *Re* mineur, un bémol.   EX.

Re, un demi-ton plus bas je suis en *Ut dièze* mineur, relatif de *Mi* majeur, quatre dièzes à la clef.   EX.

N. B. Il y a douze tons de chaque espèce qu'on peut transposer. Ainsi, en comptant les tons majeurs et mineurs, on peut affirmer qu'il y a vingt-quatre tons différens dans la musique.

ARTICLE XLI.

Des signes accidentels.

On appelle signes accidentels les dièzes, les bémols ou les bécares qui se rencontrent dans le courant d'un morceau de musique, et qui ne font pas partie de la décoration. Un Compositeur ne sauroit éviter la monotonie, en restant constamment dans un même ton, sur-tout si le morceau est long. C'est par des *modulation douces* ou des *transitions heureuses* qu'il peut produire, ou des effets piquans qui étonnent l'oreille, ou cette douce mélodie qui, sans l'étonner, la charme et la captive sans jamais la fatiguer.

Moduler, c'est passer d'un ton dans un autre. Par exemple, d'*Ut* qui n'a rien à la clef, on passe en *Sol*, au moyen d'un *Fa dièze*, sa note sensible. Ce *Fa dièze* est un signe accidentel, qui n'a d'effet que dans le courant d'une seule mesure. S'il ne reparoît point à la note dans la mesure suivante, il est censé effacé, et le morceau revient dans son ton primitif; c'est-à-dire, en *Ut*.

Si le Compositeur veut passer d'*Ut* en *Fa*, il place un *Si bémol*. Alors le morceau ne peut plus être en *Ut*, puisque sa note sensible, qui est *Si naturel*, ne subsiste plus; et qu'en *Fa* il faut un *Si bémol*, au quatrième dégré. Tant que le signe accidentel *Si bémol* paroit, le morceau reste en *Fa*; s'il est effacé ou remplacé par un *Si bécare*, alors la note sensible d'*Ut*, qui reparoît, remet le morceau dans le ton primitif d'*Ut* majeur. Il peut aussi passer en *Ut* mineur, au moyen d'un *Mi bémol*. On doit se rappeler que la *tierce* seule peut faire distinguer un ton majeur d'un mineur. Si en *Ut* il se trouve un *Mi bémol*, il est certain que la *tierce* n'ayant plus qu'un ton et demi le Compositeur a voulu passer en *Ut* mineur, relatif de *Mi* ♭ majeur. Le *Mi* ♮ effacé, la tierce alors ayant deux tons pleins, le morceau revient en *Ut* majeur, ton primitif dans lequel il doit toujours finir, à moins que la décoration ne soit changée dans le courant.

Le Compositeur passe aussi fort souvent du majeur à son *relatif* mineur, par la note sensible de ce dernier. Ainsi d'*Ut* majeur, il passera en *La* mineur, au moyen d'un *Sol dièze*. Ce signe accidentel n'a d'effet que sur la note devant laquelle il est placé, à moins que dans la même mesure il ne se rencontre plusieurs *Sol*: alors le premier seulement sera dièzé, et les autres seront censés l'être. Un bécare rendant toutes les notes naturelles, remettra le morceau en *Ut*. Cette règle est générale pour tous les signes accidentels.

La *modulation* n'est donc autre chose que le passage graduel d'un ton dans un autre qui a toujours quelques rapports avec le premier. La *transition* au contraire passe brusquement d'un ton dans un autre, qui paroît fort éloigné ; ainsi d'*Ut* qui n'a rien à la clef, on pourra passer à un ton qui aura quatre *bémols* ou quatre *dièzes*, plus ou moins, sans avoir été préalablement d'un à deux, de deux à trois, et de trois à quatre, comme cela se fait dans la *modulation*.

Pour éviter la confusion des signes accidentels, si un Compositeur passe du majeur au mineur, et qu'il veuille s'y arrêter quelque-temps, alors il change la décoration à son gré ; mais il revient toujours pour terminer à son ton primitif.

ARTICLE XLII.

Du double dièze.

Le double dièze est représenté par le signe suivant ✕ ou par celui-ci ✱. L'expression indique assez que l'on doit entendre par double dièze une note déjà dièzée, sur laquelle on veut poser un second dièze, pour hausser encore le son d'un demi-ton.

Par exemple, lorsqu'il y a *cinq dièzes* à la clef, on est en *Si* majeur, ou en *Sol dièze* mineur, son relatif. Or, il faut à cette dernière gamme une note sensible comme à toutes les autres. Si le *Fa* restoit avec un simple *dièze*, il y auroit un ton plein du septième au huitième dégré ; c'est-à-dire, du *Fa* ♯ au *Sol* ♯, puisqu'il est de nécessité absolue, que de la note sensible à la tonique, il n'y ait qu'un *demi-ton*, il faut donc dièzer le *Fa* une seconde fois.

Fa double dièze, note sensible de *Sol* dièze.

EX. 

La marche numérique des doubles dièzes, est la même que celle des simples ; c'est-à-dire, de cinq en cinq dégrés en montant. Il s'ensuit que le second ne peut être qu'à l'*Ut* ♯.

Ut double dièze, note sensible de *Re* ♯ mineur, relatif de *Fa dièze* majeur, six dièzes à la clef.

EX. 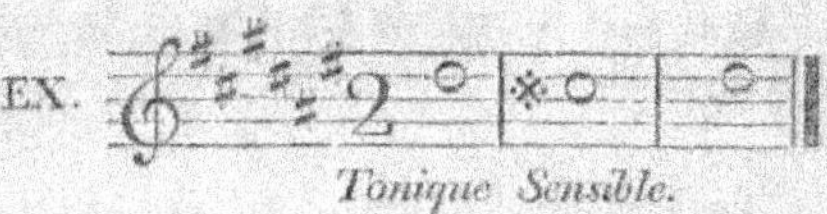

En suivant cette marche de cinq en cinq dégrés en montant, le troisième double dièze sera conduit au *Sol* ♯.

Sol double dièze, note sensible de *La* dièze mineur, relatif d'*Ut* dièze majeur, sept dièzes à la clef.

EX. 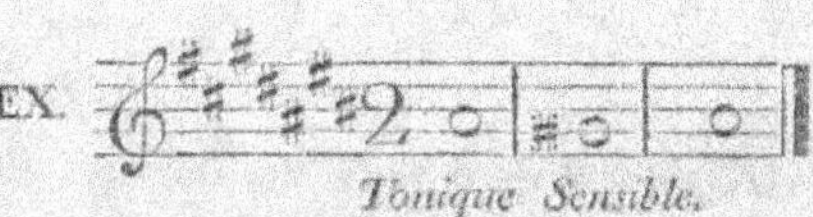

REMARQUE.

Les doubles bémols ainsi représentés ♭♭, suivent la même marche que les simples ; mais l'emploi en est si rare, que je me crois dispensé d'entrer dans un plus grand détail à ce sujet.

Les *doubles dièzes* et les *doubles bémols* ne peuvent être considérés que comme signes accidentels, puisqu'ils ne font jamais partie de la décoration.

ARTICLE XLIII.

Des Notes Synonimes.

Deux notes différentes, ou précédées d'un signe différent, qui produisent un même son, se nomment *Synonimes.*

Ainsi sont synonimes *Ut dièze* et *Re bémol*, parce qu'ils produisent le même son. EX.

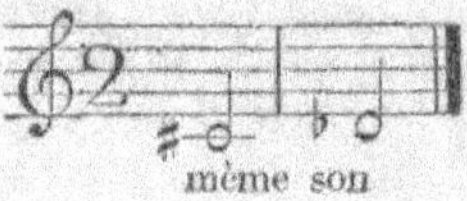

Ut, double dièze et *Re naturel*. EX.

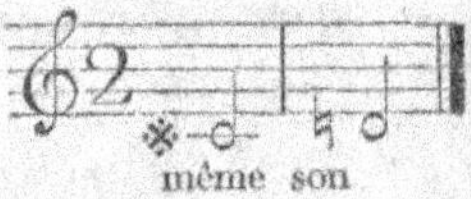

Re dièze et *Mi bémol.* EX.

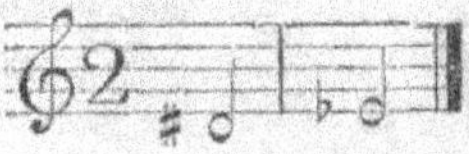

Re double dièze et *Mi naturel.* EX.

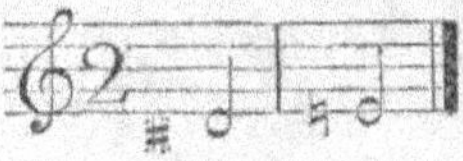

Mi dièze et *Fa naturel.* EX.

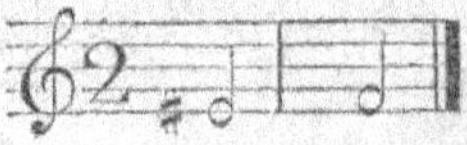

Fa dièze et *Sol bémol.* EX.

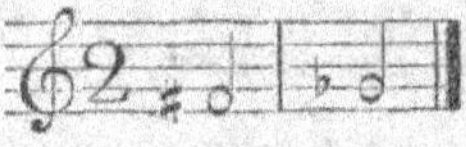

Fa double dièze et *Sol naturel.* EX,

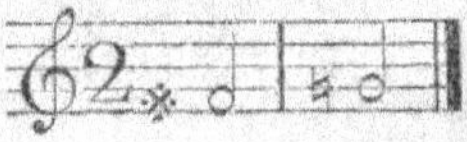

Sol dièze et *La bémol.* EX.

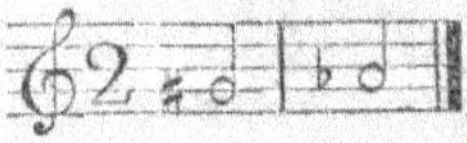

Si double bémol et *La naturel.* EX.

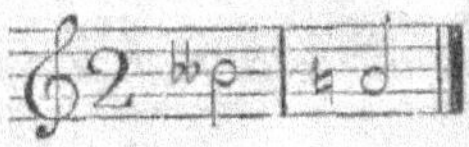

La dièze et Si bémol. EX. 

Ut bémol et Si naturel. EX.

Si dièze et Ut naturel. EX.

REMARQUE.

Si l'on en jugeoit à la rigueur, on trouveroit bien une légère différence entre deux notes synonimes ; mais cette nuance est si peu sensible, que l'oreille la plus exercée peut à peine la saisir.

Il est facile aux personnes qui touchent du Piano, de se former une idée juste des synonimes, en observant que les sons produits par les touches élevées, servent à faire les dièzes, dans les gammes où les dièzes s'emploient, et que les mêmes touches produisent des bémols dans les gammes où l'on fait usage de ce dernier.

ARTICLE XLIV.

Des différentes Clefs.

On doit savoir que la clef de *Sol*, se pose sur la seconde ligne, et que la note placée sur cette ligne, est appellée *Sol.* Cette clef indique à l'Elève, que *Sol* est la principale note, et qu'il doit partir de là, pour nommer les notes dans leur ordre successif après *Sol*, soit en montant, soit en descendant.

Clef de *Sol* sur la seconde-ligne. EX. 

L'explication qui vient d'être donnée pour la clef de Sol deuxième ligne, convient à toutes les autres clefs.

La clef de *Fa* se pose sur la quatrième ligne : et la note placée sur cette ligne, est désignée par deux points près de la clef, et se nomme *Fa.*

Clef de *Fa* sur la quatrième ligne. EX. 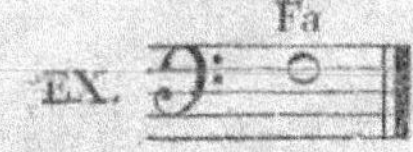

On pose la clef d'*Ut* sur trois lignes différentes ; savoir, la *première*, la *troisième*, et la *quatrième*. Quand elle est posée sur la première ligne, la note qui s'y trouve placée se nomme *Ut*.

Clef d'*Ut* sur la première ligne.   EX.

Quand cette même clef est posée sur la troisième ligne, la note qui s'y trouve placée devient un *Ut*.

Clef d'*Ut* sur la troisième ligne.   EX.

Quand elle est sur la quatrième ligne, la note qui s'y trouve placée, se nomme *Ut*.

Clef d'*Ut* sur la quatrième ligne.   EX.

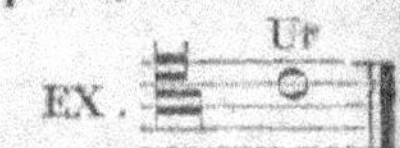

Je n'ai pas cru nécessaire de parler ici des clefs de *Fa*, troisième ligne, d'*Ut*, deuxième ligne, et de *Sol* première ligne : on ne s'en sert que dans quelques transpositions et lorsque dans la partition on veut placer des parties intermédiaires, comme cors, trompettes et tromponnes.

ARTICLE XLV.

Remarque sur les Clefs.

Il est assez ordinaire aux Élèves de témoigner de l'étonnement, en voyant un si grand nombre de clefs employées dans la musique. Sans doute il seroit à désirer qu'il n'en existât qu'une. Cela rendroit l'étude bien plus courte et plus facile : mais la nature des différentes voix dans l'espèce humaine, s'oppose évidemment à cette utile réforme.

Les femmes chantent sur la clef de *Sol* deuxième ligne. Leur voix s'élève ordinairement au *La*, *Si* et *Ut*. Quelques voix extraordinaires montent plus haut.   EX.

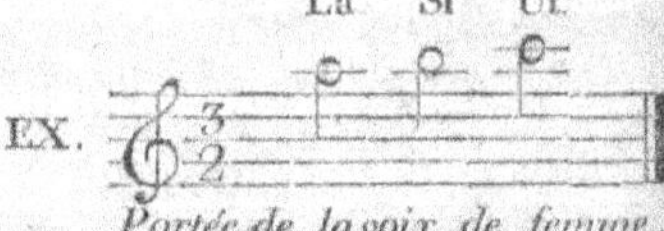

Portée de la voix de femme.

Les hommes qui ont des voix claires, que l'on nomme *Haute-Contre*, ou les voix de *Ténore*, chantent sur les clefs d'*Ut*, troisième et quatrième ligne.

Leur voix s'élève jusqu'au *La*, *Si* et même jusqu'à
l'*Ut* ; mais ils sont toujours à une octave au-dessous de la voix de femme qu'ils ne peuvent
atteindre.

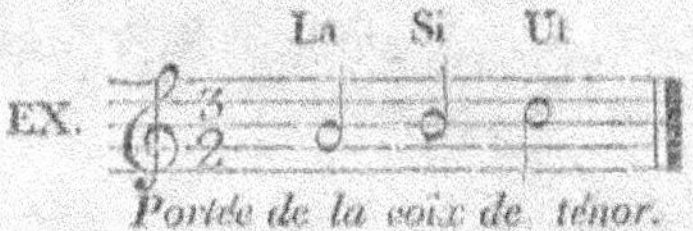

C'est sur la clef de *Fa* que chantent les hommes qui ont la voix la plus basse , que
l'on nomme *Basse—Taille*. Ceux–ci l'étendent jusqu'au *La* , le plus communément ;
leur voix , parvenue à cette note , qui est la plus haute , se trouve deux octaves au-dessous de la voix des femmes , par conséquent
cette note-là ne peut trouver place sur les portées de la clef de *Sol*.

On conçoit aisément combien il faudroit ajouter de lignes supplémentaires , pour
pouvoir rendre l'étendue de ces différentes voix , et quelle confusion il pourroit
en résulter : on a donc paré à cet inconvénient , par l'ingénieuse découverte des différentes clefs , où chaque voix peut se développer selon son étendue.

Le rapport de ces distances est indiqué dans les exemples suivans :

EXEMPLES.

ARTICLE XLVI.

Etendue des différentes Clefs.

Gamme de Sol.

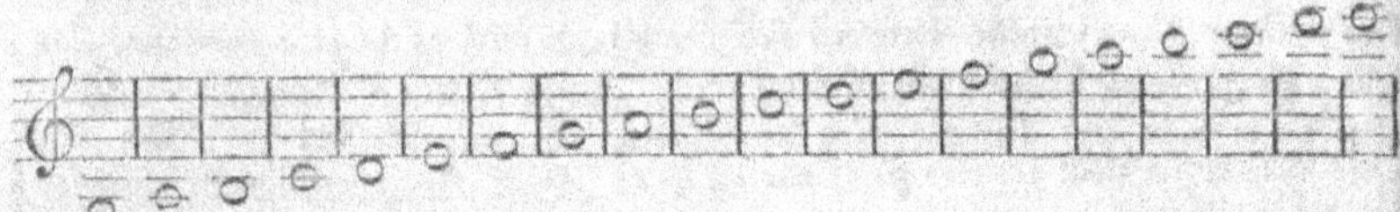

Cette gamme peut monter sans doute plus haut ; mais l'étendue que je lui donne ici doit suffire. Ceux qui jouent du violon, de la flûte, ou d'autres instrumens, où l'on employe cette clef, s'en convaincront aisément.

Les accompagnemens soit avec la voix, soit avec la plupart des instrumens, étant écrits sur la clef de *Fa*, on apprend celle-ci immédiatement après la clef de *Sol*.

Gamme de Fa.

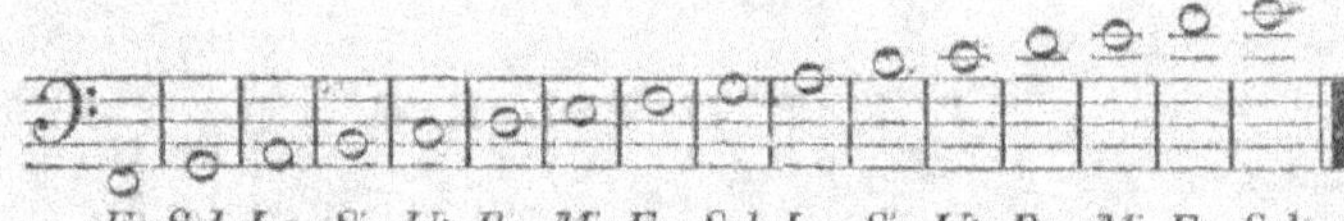

On fait rarement monter cette gamme plus haut ; mais elle descend souvent une octave plus bas, sur-tout au piano, dont la dernière touche est un *Fa*.

Gamme d'Ut, première ligne.

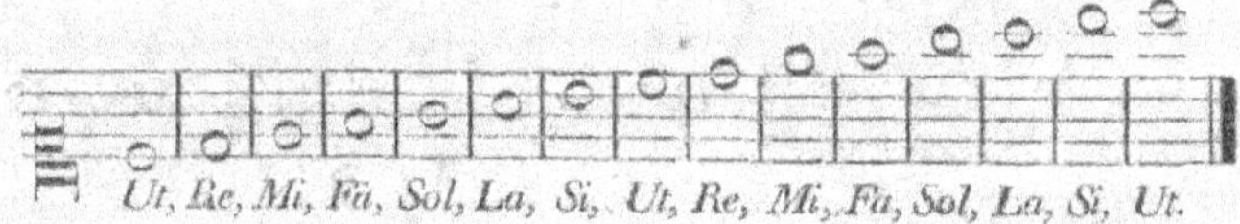

La Musique qui est notée sur cette clef d'*Ut*, première ligne, ainsi que sur la clef de *Sol*, est chantée par des voix de femmes, elles montent rarement plus haut ; mais elles peuvent encore descendre plus bas.

Gamme d'Ut troisième ligne.

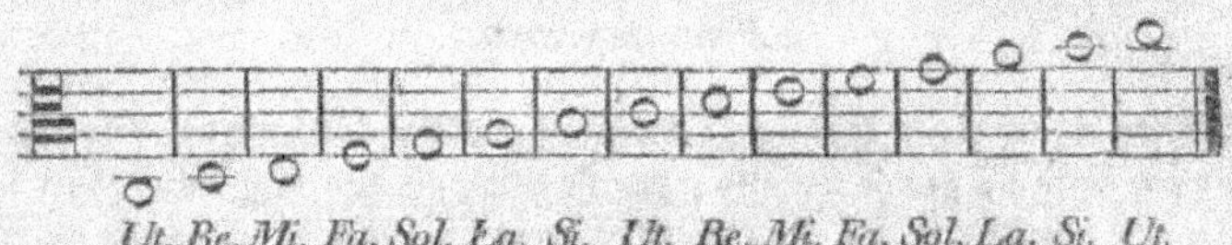

La musique notée sur ces deux dernières clefs , est chantée par des voix de *Ténor* ou *Haute-Contre.*

Gamme d'Ut . quatrième ligne.

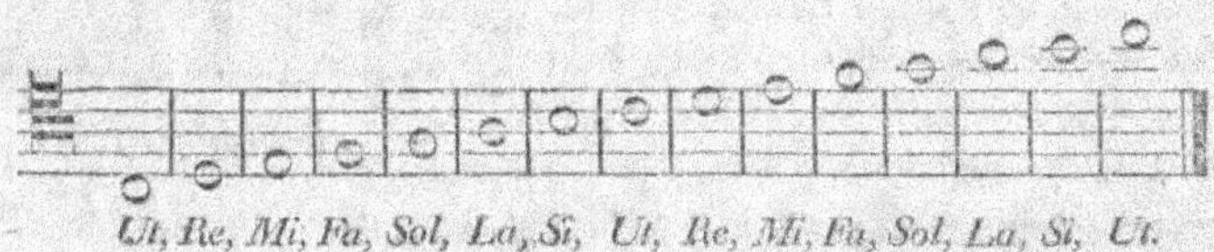

ARTICLE XLVII.

Du Mode.

Je me suis servi jusqu'ici des dénominations de *ton* et de *gamme* , pour être plus facilement compris des Elèves. Il est temps de leur apprendre qu'on employe communément l'expression *Mode* ; en conséquence ,,dans la suite , nous dirons *mode* majeur , *mode* mineur , au-lieu de *ton* majeur et de *ton* mineur : ces deux façons de s'exprimer sont synonimes.

ARTICLE XLVIII.

Des trois preuves qui indiquent en quel mode est composé un morceau de musique.

La musique s'apprend ordinairement dans un solfège où il y a une basse qui accompagne le chant. Cette basse , comme nous l'avons déjà fait remarquer , étant ordinairement notée sur la clef de *Fa* , il est d'une absolue nécessité de la bien connoître ainsi que celle de *Sol.*

Un morceau de musique qu'on a sous les yeux , est dans un *mode* majeur ou dans un *mode* mineur. Nous indiquerons trois moyens ou trois preuves pour parvenir à les distinguer facilement et sans aucun doute.

ARTICLE XLIX.

Première preuve.

Un morceau de musique commence toujours par une des trois notes de son accord parfait ; c'est-à-dire , par la tonique , par la tierce ou par la quinte. Dans les deux accords parfaits relatifs , il y a deux notes qui sont les mêmes, une seule diffère, dans chacun d'eux. C'est par cette note que l'on peut décider en quel mode est le morceau ; c'est-à-dire , s'il est majeur ou mineur.

Un exemple rendra ceci plus sensible . Nous le choisirons dans les modes relatifs qui n'ont rien à la clef pour décoration,

Dans un morceau qui n'a rien à la clef, on ne peut être qu'en *Ut* majeur ou en *La* mineur son relatif.　　EX.

Accords-parfaits .

Si le morceau commence par la note *Sol* , il n'y a pas de doute qu'il ne soit dans le mode d'*Ut* majeur , parce que *Sol* ne se trouve pas dans l'accord parfait de *La*.　　EX.

En *Ut* majeur.

De même si le morceau commence par la note *La* , on est en *La mode mineur* , par la raison que *La* ne se trouve pas dans l'accord parfait d'*Ut*.　　EX.

En *La* mineur.

C'est ce que j'appelle la première preuve , dont il faut d'abord se servir avant d'avoir recours aux deux autres preuves,

ARTICLE L.

Seconde Preuve.

Dans un morceau de musique où il n'y a rien à la clef , si la première note est un *Ut* ou un *Mi* , notes communes aux deux accords parfaits relatifs , le premier moyen alors est insuffisant , et il faut avoir recours à la note sensible du mode mineur, qui sera toujours indiquée par un signe accidentel.　　EX.

Note S.

En Ut majeur.

C'est une règle générale pour tous les tons mineurs.   EX. 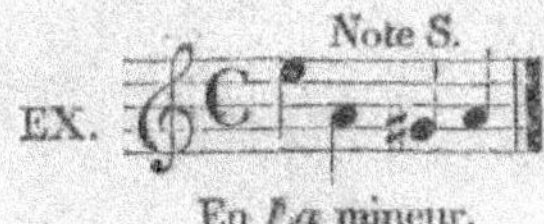

En *La* mineur.

Il arrive, quoiqu'assez rarement, que ce signe accidentel ne paroît pas dans la première mesure, ni même dans la première phrase du morceau, sur-tout quand les notes vont en descendant, parce qu'alors, comme on doit se le rappeller, la gamme mineure suit exactement la décoration, et n'a point de signes accidentels pour descendre ; mais ceci se rencontrera infailliblement peu après, soit dans la partie du chant, soit à la basse.

Il y a encore une autre manière d'envisager cette seconde preuve, en examinant l'accord parfait, si la quinte est juste, le mode est majeur ;   EX. 

En *Ut* majeur.

si au contraire, la quinte est altérée d'un signe accidentel, le mode est mineur.   EX: 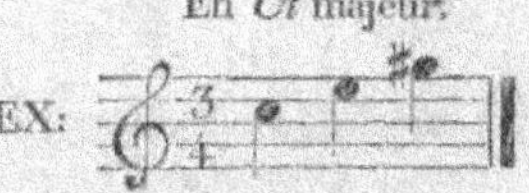

En *La* Mineur.

Au reste, quand ce moyen seroit insuffisant pour le moment, on pourroit encore avoir recours à celui indiqué ci-dessus, ou à celui qui le sera ci-après.

N. B. *On appelle note altérée, celle qui est précédée d'un signe accidentel.*

ARTICLE LI.

Troisième Preuve.

Pour connoître si un mode est majeur ou mineur, on comptera la tierce, toujours en montant, en commençant par la tonique jusqu'au troisième dégré, suivant l'ordre de la décoration, s'il y a deux tens pleins, le mode est majeur.   EX. 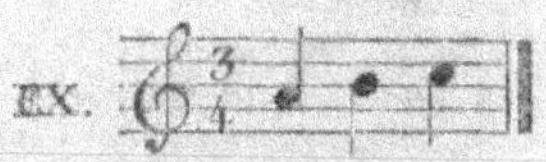

En *Ut* majeur.

S'il n'y a qu'un ton et demi ; le mode est mineur.   EX.

En *La* mineur.

Telle est la troisième preuve, qui vient toujours à l'appui des deux autres.

REMARQUE.

Très-souvent un morceau de musique commence par une, deux, trois ou quatre notes avant la première mesure. Ces notes peuvent être regardées comme indépendantes ou préliminaires ; c'est-à-dire, que le morceau ne commence qu'avec la mesure frappante.

Les exemples qui vont suivre, tirés des différens solféges, composés par des Auteurs justement célèbres, rappelleront tous ces détails. On y verra encore que la partie du chant, et celle de la basse, ne commencera pas toujours ensemble ; alors il ne faut compter que sur la partie commençante pour s'assurer du mode.

Les exemples suivans sont du mode majeur, et ensuite du mode mineur jusqu'à cinq dièzes et cinq bémols à la clef. J'ai pensé qu'il seroit superflu de porter la recherche plus loin.

ARTICLE LII.

Premier Exemple.

Dans cet exemple, le chant commence par un *Sol*, première preuve que le morceau est en *Ut* majeur, et ne peut être en *La* mineur, parce que *Sol* n'a point de rang dans l'accord-parfait de *La*. En second lieu ce même *Sol* seroit dièzé comme note sensible de *La*. Troisièmement, en comptant la tierce d'*Ut* à *Mi*, dans la même mesure, on trouve deux tons pleins, ce qui confirme que le morceau ne peut être qu'en *Ut* majeur.

La basse commence par la tonique, et le chant par la quinte juste.

ARTICLE LIII.

Second Exemple.

La note *La*, qui commence au chant et à la basse, est la première preuve que le mode est en *La* mineur, parce qu'elle ne peut se placer dans l'Accord-parfait d'*Ut* majeur. Le *Sol dièze*, qui se présente peu après la basse, comme note sensible, est une seconde preuve que le morceau est en *La*, mode mineur.

La tierce de *La* à l'*Ut* ne donne qu'un ton et demi, troisième preuve que le morceau ne peut être qu'en *La* mineur, relatif d'*Ut* majeur.

C'et la tonique qui commence aux deux parties.

ARTICLE LIV.

Troisième Exemple.

Avec un dièze à la clef, on est en *Sol* majeur ou en *Mi*, son relatif mineur. La basse commence par un *Sol*, note commune aux deux accords-parfaits ; mais le chant commence par la note *Re*, qui ne peut appartenir qu'à l'accord de *Sol* majeur, première preuve. Cette même note *Re* assure aussi la seconde preuve, par la raison qu'il faudroit qu'elle fût dièzée pour servir de note sensible au mode de *Mi* mineur. La tierce du *Sol* au *Si* assure la troisième preuve, parce qu'elle est formée de deux tons pleins.

Le morceau ne peut être qu'en *Sol* majeur. La basse commence par la tonique, et le chant par la quinte.

ARTICLE LV.

Quatrième Exemple.

Dans cet exemple il n'y a pas de première preuve à espérer, puisque la note *Si*, qui commence, fait partie des deux accords-parfaits ; mais le *Re dièze*, qui paroît à la troisième mesure, donne la deuxième preuve, comme étant la note sensible de *Mi*, mode mineur. La tierce du *Mi* au *Sol*, qui ne porte qu'un ton et demi, assure la troisième preuve en faveur de *Mi* mineur, relatif de *Sol* majeur. C'est la quinte seule qui commence au chant.

ARTICLE LVI.

Cinquième Exemple.

Avec un bémol à la clef, on est en *Fa* majeur ou en *Re* mineur, son relatif. La partie du chant commence par un *Ut*, qui donne la première et la deuxième preuve, en ce qu'il n'appartient pas à l'accord-parfait de *Re* mineur, et qu'il seroit dièzé comme note sensible de *Re*. La tierce du *Fa* au *La* porte deux tons pleins, et assure la troisième preuve en faveur de *Fa* majeur.

Le chant commence par la quinte, et la basse par la tonique.

ARTICLE LVII.

Sixième Exemple.

La note *Re*, qui commence à la basse, ne pouvant se placer dans l'accord-parfait de *Fa*, fait la première preuve que ce morceau est en *Re* mineur, relatif de *Fa* majeur. L'*Ut* dièze, qui paroît ensuite, donne la deuxième, et la tierce du *Re* au *Fa*, qui ne donne qu'un ton et demi, assure la troisième preuve pour *Re*, mode mineur.

C'est la tonique qui commence seule à la basse.

LVIII.

Septième Exemple.

Avec deux dièzes à la clef, on est en *Re* majeur, ou en *Si* mineur. La note *Re*, qui commence aux deux parties, ne donne point de première preuve, puisqu'elle se trouve dans les deux accords-parfaits. Mais si ce morceau étoit en *Si*, mode mineur, le *La* qui se trouve dans la deuxième mesure, seroit diézé, comme note sensible de *Si*, deuxième preuve. Ensuite la tierce du *Re* au *Fa* dièze donne deux tons pleins, et assure la troisième preuve en faveur de *Re*, mode majeur.

C'est la tonique qui commence à la basse ainsi qu'au chant.

N. B. On ne doit jamais calculer sur ces premières notes hors de mesure.

ARTICLE LIX.

Huitième Exemple.

La note *Fa*, qui commence seule au chant, ne donne point de première preuve, puisqu'elle appartient aux deux accords-parfaits : mais le *La dièze*, qui paroît à la basse, assure la seconde, en faveur de *Si* mode mineur, dont il est la note sensible. La tierce ne donne qu'un ton et demi du *Si* au *Re*, troisième preuve.

C'est la quinte qui commence au chant, et ensuite la tonique à la basse.

LX.

Neuvième Exemple.

Avec deux bémols à la clef, on est en *Si* bémol majeur, ou en *Sol* mineur, son relatif. La note *Si*, qui commence aux deux parties, ne donne point de première preuve, puisqu'elle appartient aux deux accords-parfaits ; mais il y auroit un dièze accidentel au premier *Fa*, si le morceau étoit en *Sol* mineur : puisque la quinte n'est point altérée on peut conclure qu'il est en *Si bémol* majeur. D'ailleurs la tierce du *Si* ♮ au *Re*, porte deux tons pleins, ce qui assure la troisième preuve.

ARTICLE LXI.

Dixième Exemple.

Le *Sol* qui commence, et le *Fa* dièze qui le suit, donnent les deux premières preuves en faveur de *Sol* mineur, relatif de *Si bémol* majeur, puisque la note *Sol* n'appartient point à l'accord-parfait de *Si*, et que le *Fa* dièze est la note sensible de *Sol*. La tierce du *Sol* au *Si bémol*, ne donne qu'un ton et demi, et assure la troisième preuve pour *Sol*, mode mineur.

C'est la tonique seule qui commence à la partie du chant.

ARTICLE LXII.

Onzième Exemple.

Avec trois dièzes à la clef, on est en *La* majeur , ou en *Fa* dièze mineur , son relatif. La note *Mi* , qui commence à la partie du chant , ne laisse point d'incertitude pour le mode majeur , puisqu'elle n'appartient pas à l'accord-pa fait du mode *Fa* mineur , première et seconde preuve , il devroit être dièzé , comme note sensible : troisièmement la tierce du *La* à l'*Ut* dièzé , donne deux tons pleins. Ce morceau est en *La* majeur.

C'est la tonique qui commence à la basse , et la quinte à la partie du chant.

ARTICLE LXIII.

Douzième Exemple.

Ne comptant pas les deux notes hors de mesure , c'est la note *Fa* qui commence , et qui détermine le mode de *Fa* dièze mineur , puisqu'il n'appartient point à l'accord parfait de *La* majeur première preuve.

La seconde preuve qui doit être un *Mi* dièzé , note sensible de *Fa* ♯ ne se présente point dans cette première phrase , mais la première est suffisante. D'ailleurs, la tierce de *Fa* ♯ au *La* ne donne qu'un ton et demi , et assure la troisième preuve de *Fa* dièze mineur , relatif de *La* majeur.

C'est la tonique qui commence à la partie du chant , et ensuite la tierce à la basse.

ARTICLE LXIV.

Treizième Exemple.

David Perez.

Avec trois bémols à la clef, on est en *Mi bémol* majeur, ou en *Ut* mineur. La note *Mi* ♮, qui commence à la basse, appartient aux deux accords-parfaits, ce qui ne donne point de première preuve. Mais le premier *Si* n'étant point altéré d'un signe accidentel bécare, faisant note sensible d'*Ut*, on peut affirmer que le morceau est en *Mi bémol* majeur, la tierce du *Mi bémol* au *Sol*, donne deux tons pleins.

C'est la tonique seule qui commence à la basse.

ARTICLE LXV.

Quatorzième Exemple.

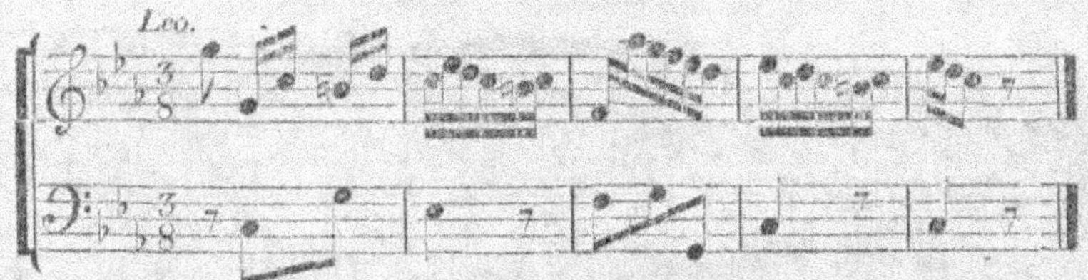

La note *Sol*, qui commence à la partie du chant, ne donne point de première preuve, parce qu'elle appartient aux deux accords-parfaits ; mais le signe bécare qui paroit au *Si*, assure la seconde preuve, parce qu'il sert de note sensible à la tonique *Ut*.

La tierce ne donne qu'un ton et demi de l'*Ut* au *Mi* bémol, et assure la troisième preuve en faveur d'*Ut* mineur, relatif de *Mi* bémol majeur.

C'est la quinte qui commence au chant, et de suite la tonique à la basse.

ARTICLE LXVI.

Quinzième Exemple.

Avec quatre dièzes à la clef, on est en *Mi* majeur ou en *Ut dièze* mineur, son relatif. La note *Mi* qui commence aux deux parties appartient aux deux accords-parfaits ; il n'y a donc point de première preuve. La note sensible d'*Ut dièze* est un *Si* dièzé ; puisqu'il est conservé naturel, on peut en conclure, que le morceau est en *Mi*, mode majeur. D'ailleurs la tierce du *Mi* au *Sol* dièze, porte deux tons pleins, ce qui fait la troisième preuve.

C'est la tonique qui commence aux deux parties.

ARTICLE LXVII.

Seizième Exemple.

L'*Ut* dièze qui commence, et qui n'appartient point à l'accord de *Mi*, assure la première preuve en faveur du mode *Ut dièze* mineur. Le *Si dièze*, note sensible qui paroît à la basse, donne la seconde preuve ; et la tierce, qui ne porte qu'un ton et demi de l'*Ut* dièze au *Mi*, assure la troisième.

C'est la tonique qui commence à la partie du chant, ainsi qu'à la basse.

ARTICLE LXVIII.

Dix-septième Exemple.

Avec quatre bémols à la clef, on est en *La bémol* majeur, ou en *Fa* mineur, son relatif. La note *La*, qui commence, n'offre point de première preuve, puisqu'elle appartient aux deux accords-parfaits, il faut avoir recours à la note sensible du mode mineur qui doit être un *Mi* bécare, puisqu'il n'est point altéré; le morceau est en *La bémol* majeur, la tierce du *La bémol* à l'*Ut*, porte deux tons pleins, ce qui fait la troisième preuve.

Les deux parties commencent par la tonique.

ARTICLE LXIX.

Dix-huitième Exemple.

La note *Ut* qui commence au chant, ne donne point de première preuve, puisqu'elle appartient aux deux accords-parfaits. Le *Mi* naturel, note sensible de *Fa*, qui paroît à la basse, ne laisse point de doute que le ton ne soit en *Fa* mineur, relatif de *La bémol*. La tierce du *Fa* au *La bémol*, ne donne qu'un ton et demi, troisième preuve.

C'est la quinte qui commence au chant et ensuite la tonique à la basse.

ARTICLE LXX.

Dix-neuvième Exemple.

Avec cinq dièzes à la clef, on est en *Si* majeur, ou en *Sol dièze* mineur, son relatif. La note *Si* qui commence aux deux parties, ne donne point de première preuve, puisqu'elle appartient aux deux accords-parfaits ; mais si le morceau étoit en *Sol dièze* mineur, le premier *Fa* seroit précédé du signe double dièze, comme note sensible de *Sol dièze* ; puisque ce signe ne paroît pas dans toute la phrase, on peut en conclure que le morceau est en *Si*, mode majeur. La tierce du *Si* au *Re dièze*, donne deux tons pleins, ce qui fait une autre preuve. C'est la tonique qui commence de part et d'autre.

ARTICLE LXXI.

Vingtième Exemple.

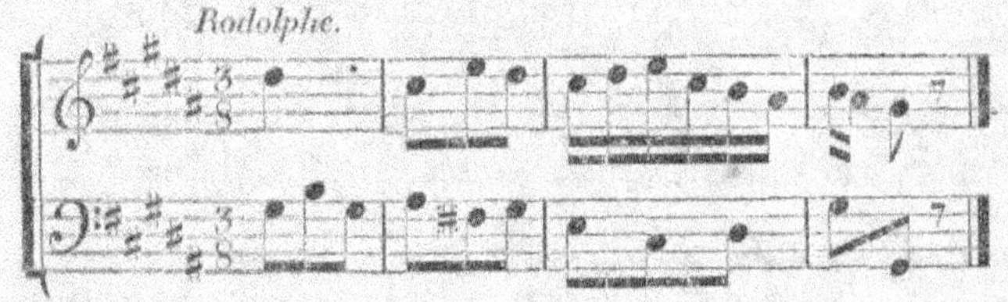

La note *Sol* qui commence à la basse, donne la première preuve en faveur du mode *Sol dièze* mineur, puisqu'elle n'appartient pas à l'accord-parfait de *Si*. Le *Fa* double dièze, qui paroît ensuite comme note sensible de *Sol* dièze, fait la seconde preuve.

La tierce du *Sol dièze* au *Si*, qui ne donne qu'un ton et demi, assure la troisième preuve.

C'est la tonique qui commence à la basse et la quinte à la partie du chant.

ARTICLE LXXII.

Vingt-unième Exemple.

Avec cinq bémols à la clef, on est en *Re bémol* majeur ou en *Si bémol* mineur, son relatif. La note *Re* qui commence laisse de l'incertitude pour la décision du mode, puisqu'elle appartient aux deux accords-parfaits. La note sensible de *Si bémol* est un *La* bécaré : puisque ce signe ne paroît point, on peut être assuré que le morceau est en *Re bémol*, mode majeur.

La tierce de *Re bémol* au *Fa* donne deux tons pleins. C'est la tonique qui commence aux deux parties.

ARTICLE LXXIII.

Vingt-deuxième Exemple.

La note *Fa*, qui commence seule à la partie du chant, appartient aux deux accords parfaits. Il n'y a donc point de première preuve : mais le signe accidentel bécare, placé au *La*, note sensible de *Si bémol*, donne la seconde preuve en faveur de *Si bémol*, mode mineur ; la tierce du *Si bémol*, au *Re bémol*, ne porte qu'un ton et demi et donne la troisième preuve.

C'est la quinte qui commence au chant.

Fin des Exemple

ARTICLE LXXIV.
RÉFLEXIONS.

J'ai dit que les Compositeurs usent quelquefois de licence, suivant l'inspiration de leur génie : mais s'ils s'écartent des principes, ils ne manquent jamais d'y revenir.

L'Elève qui, comme je le suppose, n'a passé d'un article à un autre, qu'après l'avoir parfaitement conçu, doit être suffisamment instruit pour pouvoir se rendre un compte exact de tous les signes caractéristiques qui composent la musique écrite ; quant à l'exécution de cette même musique, c'est seulement avec le secours d'un Professeur, qu'il peut en faire l'application. Mon seul but, dans cet ouvrage, a été d'alléger la peine de l'Elève, et l'ennui du Maître, en mettant le premier à même de pouvoir faire quelques réflexions lorsqu'il est seul. Par exemple, je suppose qu'ayant un morceau à étudier, il en ait oublié le mode, il peut alors venir chercher ici les deux exemples, qui portent la même décoration que son morceau d'étude ; il est presqu'impossible qu'avec ce secours il ne réussisse pas à distinguer d'un coup-d'œil, par comparaison, en quel mode il est, et s'il est majeur ou mineur. S'il se présente quelques signes qui ayent échappé à sa mémoire, en consultant la table, il peut avoir recours à l'article qui en fait mention ; si, dans la *répartition* de chaque mesure, il trouve quelque chose qui lui paroisse difficile à concevoir, il peut, en comparant, éclaircir la difficulté, en remontant au principe ; son travail deviendra moins pénible au moyen de la transposition, si le morceau ne peut s'accorder avec la nature de sa voix. Je dois aussi compter pour quelque chose les répétitions sans nombre qu'il épargne par ce moyen à son maître. Celui-ci, moins fatigué, moins dégoûté, affectionnera davantage son Elève, les progrès en seront plus rapides, et les leçons plus agréables.

ARTICLE LXXV.

Des Signes de convention,

Des Reprises.

Un morceau de musique est ordinairement divisé en plusieurs parties que l'on répète souvent deux fois chacune ; c'est ce qu'indique ce signe, que l'on nomme reprise,   EX.

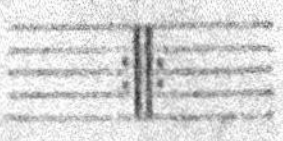

Quand on ne doit répéter une seconde fois, que la première partie du morceau, la reprise n'a de point que du côté seulement que l'on doit reprendre. L'autre partie ne se répète pas.   EX.

Du Renvoi.

Ce signe, appelé renvoi se rencontre souvent en musique. Il est presque toujours placé au commencement du morceau.   EX.

Un autre signe semblable se trouve dans le courant, et renvoye à celui-ci ; alors on recommence jusqu'à ce que l'on trouve un nouveau signe, composé de deux barres sans point, avec le mot *FIN.*   EX.

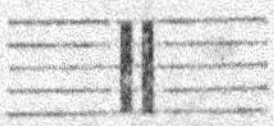

FIN.

Du Point de Repos ou Point d'Orgue.

Ce signe est appelé *Point de Repos* ou *Point d'Orgue.*   EX.

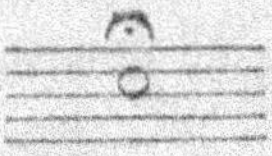

Il est *Point de Repos*, quand il ne fait que suspendre un peu la mesure, en prolongeant le son de la note sur laquelle il est placé. On le nomme *Point-d'Orgue*, quand l'Exécutant, se livrant à son génie, improvise (accompagnemens cessant) tout le temps qu'il lui plaît.

Du Guidon.

Le signe appelé *Guidon* est toujours placé à la fin d'une ligne ou d'une page, pour prévenir que la première note de la ligne ou de la page suivante sera posée sur la portée où le Guidon est placé.   EX.

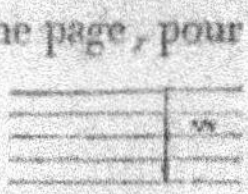

Ce signe est sur-tout fort utile pour guider l'œil dans les morceaux d'un mouvement très-vif, il épargne des retards nuisibles à la mesure.

ARTICLE LXXVI.

Des petites Notes.

Les petites notes, que l'on nomme aussi *Porte-voix*, *notes de goût* ou *d'agré-*
ment, n'ont point de valeur dans la mesure ; et, par la même raison, elles ne se
nomment point en solfiant, on les fait seulement sentir avec la voix, et on prend le
son de la note suivante, en glissant légèrement sur la *petite note*. C'est en chantant
qu'on apprendra à en faire usage.

Voici comme elles sont écrites :

Manière de marquer les notes qui doivent être détachées, que l'on nomme aussi
notes piquées.

Manière de marquer les notes qui doivent être coulées ; c'est-à-dire , dont les sons
se coulent de l'une à l'autre.

Des Syncopes.

On appelle *Syncopes* , les notes qui se trouvent sur le même dégré d'une mesure
à l'autre , et qui sont réunies par ce trait ⁀ , que l'on nomme *liaison*. Il faut alors faire
sentir la valeur des deux notes , en ne nommant que la première , et en filant le même
son pour la seconde ; de manière , par exemple , que deux noires produisent le même
effet qu'une blanche.

Une noire entre deux croches , une croche entre deux doubles , sont aussi des *Syncopes.* Il en est de même des notes pointées.

ARTICLE LXXVII.

De la Cadence.

La cadence se marque ordinairement par une petite croix + ou tr.

EX. 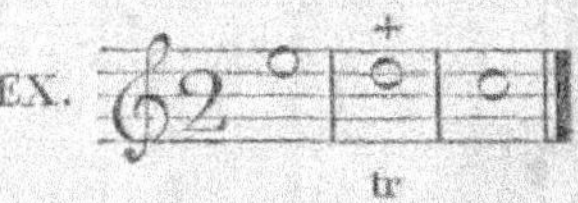

On la marque encore de cette autre manière.

EX. 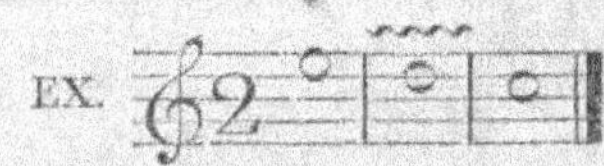

Elle a lieu par l'emploi de deux notes , que l'on fait entendre successivement , plus ou moins vite , suivant la flexibilité de la voix. On ne nomme cependant pas les deux notes , mais seulement celle sur laquelle est placée la cadence.

Effet de la cadence.

Voici l'effet qu'elle doit produire. EX.

Quand on rencontre ce signe ⊂ placé sur une note , on doit être prévenu qu'il faut d'abord donner le son de cette note fort doux, puis l'enfler peu à peu jusqu'à la fin , où il doit être très-fort. EX.

Quand on rencontre cet autre signe ⊃ , il faut au contraire que le son de la note commence vigoureusement , puisqu'il décline peu à peu en mourant , jusqu'à la fin , où il doit être fort doux. EX.

Quand il se trouve cet autre signe ⬦ , il indique que le son très doux d'abord , doit s'enfler jusqu'au milieu de la note, puis décliner insensiblement jusqu'à la fin. EX.

ARTICLE LXXVIII.

Des différentes manières de s'exprimer en musique, signifiant la même chose.

EXEMPLE.

1ᵉʳ Dégré	2ᵉ	3ᵉ	4ᵉ	5ᵉ	6ᵉ	7ᵉ	8ᵉ
tonique.	seconde.	tierce.	quarte.	quinte.	sixte.	septiéme.	octave.
tonique.	sus tonique.	médiante.	sous domin.	dominante.	sus dominante.	sous tonique.	octave tonique.

ARTICLE LXXIX.

Des Termes Italiens indiquant les mouvements des mesures.

Largo.	*Largement.* C'est le mouvement le plus lent.
Larghetto.	*Un peu moins lent que le largo.*
Adagio.	*Posément ,* sans une grande lenteur.
Grave.	*Gravement ,* avec un peu de fierté.
Affettuoso.	*Affectueusement ,* tendrement.
Amoroso.	*Amoureusement.*
Andante.	*Mouvement marqué ,* sans gaité.
Andantino.	*Un peu moins vite que l'Andante.*
Moderato.	*Modérément ,* ni lent , ni gai.
Gratioso.	*Gracieusement.*
Allegro.	*Gaiment.*
Allegretto.	*Gai ,* mais moins vite que l'*Allegro.*
Vivace.	*Vite ,* gai et animé.
Presto.	*Très-vite.*
Prestissimo.	C'est le mouvement le plus vif.
Cantabile.	*Aisément* et sans presser.
Dolce.	*Doux ,* avec un peu de mollesse.
Piano ou P.	*Doux ,* sans mollesse.
Pianissimo ou PP.	*Extrémement doux.*
Mezzo forte.	*A demi-fort.*
Mezza voce.	*A demi-voix.*
Forte ou F.	*Fort ,* prononcé.
Fortissimo ou FF.	*Très-fort.*
Sotto voce.	*A voix presque basse.*
Rinforzindo ou rinf.	*Enfler subitement le son.*
Sostenute.	*Soutenir le son.*
Smorzendo.	*Laisser mourir le son.*
Solo.	*Seul.*
Tutti.	*Tous ensemble.*

ARTICLE LXXX.

Exemple.

LXXX.

RÉSUMÉ.

(1) Tout Musicien, avant de commencer l'exécution, ou la lecture d'un morceau de musique, doit premièrement examiner quel en est la clef. Dans celui-ci la clef de *Sol*, reste constamment à la partie du chant, et celle de *Fa* à la basse.

Ensuite, il doit considérer la décoration qui porte ici trois dièzes. Il sait, par là qu'il ne peut être qu'en *La* majeur, ou en *Fa dièze* mineur; pour s'assurer du *mode*, j'ai indiqué trois preuves dont on peut faire usage. La première est insuffisante pour le moment, la note *La*, qui commence, appartenant aux deux accords-parfaits; mais le premier *Mi* n'étant point dièzé comme note sensible de *Fa dièze* mineur, on peut conclure que ce morceau est en *La*, mode majeur. D'ailleurs la tierce du *La* à l'*Ut dièze* porte deux tons pleins.

Le chiffre indicateur de la mesure est un $\frac{2}{4}$, et indique que dans tout le courant du morceau il doit se trouver *deux* des *quatre*, autrement dit deux noires, dans l'intervalle de chaque mesure.

Le mouvement doit être aussi examiné; il est indiqué *Allegro*. Le morceau doit être exécuté gaiment d'un bout à l'autre.

(2) Note d'agrément ou de goût, qui ne se nomme point en solfiant.

(3) Ici le *Re dièze* qui survient, est un signe accidentel, qui devient la note sensible du ton de *Mi* majeur où le Compositeur passe. Tant que ce *Re dièze* est conservé, le morceau reste en *Mi* majeur.

(4) Le signe accidentel *Re dièze* étant effacé par le *bécare*, on revient en *La* majeur.

(5) Cette liaison est une *syncope* qui lie les deux croches, comme faisant une noire.

(6) Le Compositeur repasse un moment en *Mi* majeur.

(7) Le *Sol* bécare supprime le dernier dièze de la décoration, qui, n'en laissant plus que deux, fait passer la modulation en *Re* majeur.

(8) Le *La dièze* est la note sensible de *Si* mineur, ton relatif de *Re* majeur, deux dièzes.

(9) Le *Mi dièze*, note sensible, annonce que la modulation passe en *Fa dièze* mineur, relatif de *La* majeur; même décoration, trois dièzes.

(10) Le *Si dièze*, note sensible, annonce le passage à l'*Ut* dièze, mode mineur, relatif de *Mi* majeur.

(11) Ici la décoration est changée. Les trois dièzes remplacés par trois bécares, ne laissant plus rien à la clef, le Compositeur passe en *La* mineur, relatif d'*Ut*, motivé par le (12) *Sol* dièze, note sensible de *La*, qui ne laisse point de doute, puisqu'elle n'appartient point à l'accord-parfait d'*Ut*.

(13) Le *Sol dièze* étant effacé, et la décoration restant la même, on passe en *Ut* majeur.

(14) Le *Fa dièze* conduit en *Sol* majeur par la note sensible.

(15) Le *Sol dièze* ramène au ton de *La* mineur puisqu'il en est la note sensible.

(74)
(1) Andante.
3
5
(2)
(5)
tr.
(7) (8)
(3) (6) (9)
(4)
(11)
(10) (12) (13)
(16) (17) (18) (19)
(18) (19)
(14) (15)
tr.
(20)

L X X X I.

R É S U M É.

(1) Ce morceau est également noté sur les clefs de *Sol* et de *Fa*.

Il porte deux bémols pour décoration , par conséquent il est en *Si bémol* majeur ou en *Sol* mineur , son relatif : la première note aux deux parties étant un *Si* , ne donne point de première preuve ; mais le *Fa* dièze ne paroissant point comme note sensible de *Sol* , on peut être assuré d'être en *Si bémol* majeur.

La tierce de *Si bémol* au *Re* porte deux tons pleins.

La mesure est indiquée $\frac{3}{4}$. Ces chiffres annoncent que dans chaque intervalle d'une mesure à l'autre, il doit se trouver constamment la valeur de *trois* des *quatre*, autrement trois noires.

Le mouvement est *Andante*, ainsi , d'un bout à l'autre , le morceau doit être exécuté d'un mouvement marqué sans gaité.

(2) Ces trois croches n'en valent que deux , le chiffre 3 marque que ce sont des triolets.

(3) Le *Mi bécare* supprime le second bémol de la décoration , en même temps qu'il produit la note sensible du ton de *Fa* où la modulation commence.

(4) Le *Mi bémol* qui reparoît , ramène au ton primitif *Si bémol* majeur.

(5) Ce signe indique une cadence. Voyez l'article LXXVII.

(6) Le *Si* naturel annonce , comme note sensible , que le morceau passe en *Ut*.

(7) Le *Mi* naturel assure que , pour l'instant , on est en *Ut* majeur ; puisque la tierce de l'*Ut* au *Mi* ♮ , porte deux tons pleins ; les deux bémols sont annullés.

(8) Le signe ♮ ne paroissant point au *Si*, il est bémolisé de nouveau par la décoration.

(9) Le *Mi* qui est conservé *bécare*, indique que l'on revient en *Fa* , le *Si* étant bémol.

(10) Le *La bémol*, ajouté aux *deux* qui décorent le morceau , peut faire penser que le Compositeur a eu l'intention de passer en *Mi bémol* majeur *trois bémols*.

(11) Mais le *Si bécare*, note sensible , qui arrive ensuite , prouve qu'il est en *Ut* mineur , son relatif,

(12) Le *La bémol* effacé , ramène au ton primitif *Si bémol* majeur.

(13) *Mi* bécare , note sensible , passe en *Fa* , ne laissant que le *Si* bémolisé.

(14) Le second bémol remis fait rentrer dans le ton primitif.

(15) Le *Si* et le *Mi* naturel , effaçant les deux bémols mis à la clef , font passer la modulation en *Ut* majeur , dont le *Si* bécare est la note sensible.

(16) Le *Mi bémol* ramène au ton primitif, parce qu'étant le second ♭ , le *Si* est censé bémolisé d'abord.

(17) Le *La bémol* fait passer en *Mi bémol* majeur , trois bémols.

(18) Le *La bémol* n'existant plus , le *Mi bécare* survenant , ne laisse plus que le *Si* bémol , on passe en *Fa* majeur , dont le *Mi* naturel est la note sensible.

(19) Le *Mi bémol* replacé , et le *Fa* dièze , note sensible qui survient , indiquent le ton de *Sol* mineur , relatif de *Si bémol* majeur , même décoration.

(20) Le *Fa* naturel ramène la modulation au ton primitif qui termine.

J'ai pensé que ces deux fragmens, étant suffisans pour donner une idée de la manière dont on doit calculer les signes de la musique, on ne pourra juger de l'effet que par l'exécution, la musique n'étant point faite pour l'œil.

CONCLUSION.

Ici se borne la tâche que je me suis imposé en donnant les explications des principes de la Musique. Les articles qui pourroient suivre, appartiennent plutôt à la préparation des règles de la composition qu'aux élémens.

Heureux si j'ai pu, en applanissant quelques difficultés, conserver le sourire sur les lèvres de la jeunesse, et épargner quelques larmes à l'enfance.

F I N.

Observation à faire.

Corriger l'erreur qui se trouve au premier exemple de la page 48, où la mesure est notée 3 temps, il faut lire à 2.

De l'Imprimerie de F. H. OLLIVIER, rue Thibautodé, N. 9, près le Pont-Neuf.

Commencement de solfége par suplément

83
Quintes
Sixtes
Septiemes

Gammes.
Octaves.
Résumé.
Gamme par demitons avec dièzes.
Gamme par demitons avec bémols.

Nº 1.
Lent.
I
Nº 2.
Andante

N.º 3.
Gratioso
N.º 4.
Allegretto
Gamme.
accord parfait

No. 5.
Andantino
No. 6.
Andante

Gamme.
accord parfait
N° 7.
Andantino

Nº 8.
Allegretto
Gamme
accord parfait
Nº 9.
Andante

Nº 10.
Andantino

Gamme
accord parfait
N°II.
Moderto

Nº12.
Allegretto

Gamme
N.º 13.
accord parfait

N.º 14.
Allegretto

Gamme
accord parfait
N°15.
Maestoso
N°16.

Gamme
accord parfait
N.º 17.
Andante
3 3 3 3 3 3

Nº 18.
Pastorale

Gamme
accord parfait
N°19.
Allegretto

Nº20.
Moderato

108
Gamme
accord parfait
N.º 21.
Moderato
N.º 22.
Allegretto

102
Gamme
accord parfait
N.º 23.
Adagio
N.º 24.
Allegretto